الاستراتيجيات الحديثة
في تربية الطفل

الاستراتيجيات الحديثة

في تربية الطفل

(أولادنا أكبادنا)

د. فهد خليل زايد

٢٠٠٦

دار يافا للنشر والتوزيع

٦٤٩

زايد، فهد خليل

الإستراتيجيات الحديثة في تربية الطفل/فهد خليل

زايد ._عمان: دار يافا العلمية ، ٢٠٠٦

( ) ص

ر.إ : ٢٠٠٦/٧/٢٠٨٧

الواصفات : /تربية الطفل//رعاية الطفولة//الأطفال/

جميع الحقوق محفوظة لدار يافا العلمية للنشر والتوزيع

جميع الحقوق محفوظة ويمنع طبع أو تصوير الكتاب أو إعادة نشره بأي وسيلة إلا

بإذن خطي من المؤلف وكل من يخالف ذلك يعرض نفسه للمساءلة القانونية

الطبعة الأولى ، ٢٠٠٦

دار يـــافــا العلمية للنشر والتوزيع

الأردن – عمان – تلفاكس ٤٧٧٨٧٧٠ ٦ ٠٠٩٦٢

ص.ب ٥٢٠٦٥١ عمان ١١١٥٢ الأردن

E-mail: dar_yafa @yahoo.com

الإهـــداء

إلى من وهبت لهم مدامعي

ونصبت لهم الشِراع ... ومددت لهم مجاديف الأمل.. وأوقدت لهم مواقد الزيتون.. ليشع نورا يضيء لهم الطريق.

إلى من كانوا ولا زالوا الأزهار في مقالع الأحجار.. أهديكم ما استطعت أن أكتبه في مجال تربية الأبناء.

إلى أبناء أمتي العربية قاطبة أقدم لكم جزءا من روحي، وقطعة من نفسي علّها تسدد لنا ولكم الطريق.

مع تحياتي

د. فهد زايد

المقدّمة

الحمد لله نحمد ونستعينه ونستغفره ونعوذ بالله من شرور أنفسنا ومن سيئات أعمالنا من يهد الله فلا مضل له ومن يضلل فلا هادي له، وأشهد أن لا إله إلا الله وحده لا شريك له وأشهد أن محمدا عبده ورسوله صلى الله عليه وسلم وبعد.

لقد أمر الإسلام الوالدين بتربية الأبناء وحثهم على ذلك وحمّلهم مسؤولية تربيتهم، ووضع الرسول صلى الله عليه وسلم قاعدة أساسية مفادها أن الابن يشب على دين والديه وهما المؤثران القويان عليه.

فإن علّمنا أبناءنا وعودناهم الخير نشأوا على ذلك وسعدوا في الدنيا والآخرة وسعدنا بهم ومعهم إن شاء الله. وإن أهملناهم شقوا وهلكوا وشقينا بهم ومعهم وحملنا الوزر في رقبتنا بسبب التقصير وعدم القيام بالرعاية والمسؤولية الواجبة علينا تجاههم.

بهذا نجد أن الإسلام حمّل الآباء والأمهات، المربين جميعا مسؤولية التربية في أبعد حدودها، وفي أوسع مراميها وحذرهم وأنذرهم، أن الله سبحانه مسائلهم يوم القيامة عن هذه الأمانة وعن هذه الرسالة.

أن الطفل عبارة عن صفحة بيضاء يمكن أن تنقش عليها ما تريد، فطرته محايدة لم تنتبش بصورة. لذلك عقل الطفل صفحة بيضاء تنقشه الخبرة والتعليم، وعلى عكس تربية الكبير وتعليمه ففيه الكثير من الصعوبات.

ولكون الطفولة بمراحلها تعتبر أخطر مراحل النمو وأكبرها أثرا في النفس ولكونها كما رأينا تعتبر هي مرحلة البناء الفعلي للشخصية.

فقد ارتأينا أن أتناول في هذا الكتاب كل ما له علاقة بالطفل من بداية الزواج السعيد إلى نهاية سن المراهقة متحدثا عن فنون العلم والإيمان، والمعرفة والإسلام، الدنيا والدين. وركزنا في طرحنا لموضوعات الكتاب على نظريات علم النفس والاجتماع والتربية المعاصرة وذلك حتى نعد الطفل باعتباره رجل الغد ورجل القرن القادم بكل تحدياته ليكون في المستقبل إنسانا من الممكن أن يعتمد عليه لكي ينهض بأعباء ويضطلع بمسؤوليات الحياة المستقبلية.

أسأل الله أن يبارك لي في هذا الكتاب، ويجعله ذخرا لنا وللأمة الإسلامية - ويجعله مسلكا لتقويم سلوكيات أبنائنا.

و الله الموفق

د. فهد زايد

الزواج السعيد

أفضل ما في الزوجة أنها تسر زوجها إذا نظر إليها وتطيعه إذا أمرها وتحافظ على عرضه وماله إذا غاب.

وتتضمن عبارة تسرُّ زوجها إذا نظر الشكل المقبول للزوجة، وعبارة تطيعه إذا أمر تتضمن الخلق الكريم.

إن مشكلة الزواج من المشكلات التي اهتم بها علماء الاجتماع والنفس والدين كأحد النظم الاجتماعية التي تتأثر بالحضارة والمدينة وتقاليدها، والمسؤوليات التي تقع على كاهل الزوجين أصبحت أكثر تعقيدا بسبب تغيّر الظروف الاقتصادية وزيادة حدة التوترات اليومية، فتجعل الزواج كغيره من النظم الاجتماعية معرضا للهزات والأزمات وتفاجئ الراغبين بالزواج أن الحياة ليست طريقا مفروشا بالورود، كما يتخيل البعض من ذوي الخيال الواسع.

أسباب عدم السعادة الزوجية.

لو ألقينا نظرة سريعة على السعادة الزوجية لوجدنا ما يلي:

١- إن التنافر في الطباع واختلاف وجهات النظر بين الزوجين يؤدي للاحتكاك والتصادم في الآراء والانفجار العاطفي.

٢- اختلاف المستوى الثقافي ومدى النضج العقلي يؤدي إلى التعاسة في الحياة الزوجية.

٣- انطفاء جذوة التجاوب الجنسي بين الزوجين يحل محله النفور ويسبب التعاسة الزوجية ولعلاج هذه الظاهرة لا بد من تجديد التعاطف القلبي والوجداني والتفاهم العقلي وإرضاء الرغبات بالحب والاحترام، واستخدام الذكاء لإيجاد جو عائلي مستقر ومتوازن ومرغوب فيه.

٤- الظروف الاجتماعية المعيشية لكلا الزوجين قبل الزواج لها تأثير مباشر سلبا كان أم إيجابا على مسار الحياة الزوجية بينهما.

٥- الظروف التي يتعرض لها كل من الزوجين في عش الزوجية لها تأثير.

٦- فكرة الزوجين عن الزواج تلعب دورا مهما في تكوين أسس السعادة الزوجية.

فمعيار السعادة الزوجية يتوقف على مدى ما تحقق من فكرة كل منهما عن الآخر إبان الحياة الزوجية والفكرة عن الزواج، فمن الأزواج من يعتقد أن السعادة الزوجية في إيجاد أجواء مريحة في المنزل، ومنهم من يعتقد أن الإنجاب وكثرة الأبناء هو سر السعادة الزوجية، وفئة أخرى تعتقد أن الزوجة لا بد أن تكون عاملة لزيادة مستوى دخل الأسرة المادي، نظرا للظروف

الاقتصادية الصعبة التي نعيشها بعد أن أصبح دخل الرجل لا يكفي لإشباع حاجات الأسرة وتوفير متطلباتها.

أما من جانب الزوجات فمنهن من تعتقد أن الزوج يجب أن يكون رجلا وقت الشدائد والمصائب، فهو الأب والأخ، ومنهن من تتطلع إلى الزوج على أنه كريم الخلق حسن الحياء، ومنهن من تريده ذا جاه وماله، وهناك العديد من الآراء المتباينة بين أفكار الأزواج والزوجات عن الزواج.

يمكن أن تتحقق السعادة الزوجية لكلا الزوجين بقدر ما يتحقق من العوامل سابقة الذكر، فإذا وفق أحد الزوجين في تحقيق ذلك وفشل الطرف الآخر، تصبح الحياة الزوجية تعيسة، فيها الكثير من المتناقضات نذكر منها على سبيل المثال.

– العقم: بعض الزوجات غير السعيدات في حياتهن الزوجية يعود لأن آمالهن بالإنجاب لم تتحقق.

– ظهور عنصر الملل والرتابة والروتين في الحياة الزوجية.

دلائل الزواج السعيد

١- شعور مشترك لكلا الزوجين بأن الحياة الزوجية حققت آمالهما من خلال الحب والاحترام والتقدير والطمأنينة والسعادة والأمن.

٢- هدوء عش الحياة الزوجية وابتعاده عن النفور والضجر والشقاق.

٣- تحقيق مبدأ الاستقرار النفسي والعاطفي والاجتماعي والشعور بالرضى والقناعة وذلك من خلال مبدأ الأخذ والعطاء المتوازن بين الزوجين.

٤- الحياة الزوجية تحقق للزوجة السعادة كونها وجدت الرجل الذي تتمناه، بعد أن وجدت فيه صفات الرجولة المطلوبة.

٥- الزواج السعيد لا بد من توافر أركان تحميه وتصونه وتطبع عليه البهجة والسرور والجمال حتى يكون سببا رئيسيا للاستقرار النفسي والاجتماعي والعاطفي وهذه الأركان تبنى على مربع متساوي الأضلاع قوامه قلب متعاطف وعقل متفاهم وجسم متجاذب وهي:

أ- الحب المتبادل بين الزوجين وهو الغذاء الروحي الذي لا يقل أهمية عن الغذاء البدني للجسم.

ب- النشاط الجنسي المنسجم أساس نجاح الحياة الزوجية.

ج- التضحية المتبادلة شعار الحياة الزوجية يرفع عن طيب خاطر ورضا وقناعة متبادلة.

د- التقدير والاحترام والتفاهم المتبادل.

هذه العناصر بمثابة العصا السحرية لحل جميع مشاكل الأسرة وتقضي على اختلاف الميول والمزاج والعادات والأفكار.

التعاسة الزوجية

هناك الكثير من المسببات والعوامل التي تؤدي إلى التعاسة الزوجية التي تجعل من الحياة نكدا وحزنا، وتؤثر تأثيرا مباشرا على الأسرة وخاصة على الأبناء وأسلوب تربيتهم وتنشئتهم كما تنعكس على الزوجين واتجاهاتهم النفسية نحو الحياة الزوجية، فيقع كل طرف بالخطأ عند تأويل الأقوال، كما ينظر كل منهما للآخر بالريبة والشك، ويهول الأخطاء ويستخف بالحسنات. ويرجع تصدّع الحياة الزوجية لعوامل متداخلة متفاعلة كثيرة تؤدي أحيانا للطلاق ومن هذه العوامل نذكر:

١- اختلاف تكوين شخصية الزوجين، من حيث الطبيعة البشرية (اختلاف في عقلية التنشئة الاجتماعية والعوامل الوراثية).

٢- الاتجاه الفعلي لكل من الزوج والزوجة نحو الزواج وليد الطفولة الأولى.

٣- جهل الزوجين بمسؤوليات الحياة الزوجية الأسرية والتزاماتها المختلفة.

٤- الاختيار الخطأ لشريك الحياة من قبل الطرفين.

٥- السماح للآخرين بالتدخل في حل المشكلات بين الزوجين.

٦- الإسراف في المطالب وبخاصة الزوجة.

٧- انعدام مبدأ الصراحة والوضوح في التعامل، لمجابهة المشاكل الزوجية.

نصائح مفيدة

١- يجب على كل من الزوج والزوجة أن تفتح عينا ويغمض الأخرى، ولا يعاقب الطرف الآخر كثيرا في كل صغيرة وكبيرة.

٢- يجب على الزوج أن يشعر زوجته دوما بالطمأنينة والأمن في حياتها الزوجية، لأنها مصدر من مصادر السعادة الزوجية، وأن يعاملها باحترام وتقدير أمام الجميع.

٣- أن يحاسب نفسه قبل أن يحاسب الآخرين، وقد يكون الزوج مصدر ملل ونكد لذلك أحب لزوجتك ما تحب لنفسك.

٤- إياك والريبة والشك وتصيد الأخطاء والهفوات للطرف الآخر.

٥- الإرشاد والتثقيف مهم في أسلوب التربية وفن الأمومة والأبوة وكيفية تنشئة الأبناء ورعايتهم.

٦- التوافق الجنسي بين الزوجين هو فن له أساليبه الخاصة في تحقيق السعادة الزوجية وهو رابط الحب الزوجي وعامل استقرار نفسي وجسمي لكلا الزوجين.

٧- الأسرة الصالحة عنصر من عناصر بناء المجتمع وقوته والزواج الناجح فيه علاج نفسي لكلا الزوجين.

٨- إذا كان الزواج طبيعة الإنسان وشريعة الله تعالى وهي سبيل الاستقرار والأمان لذلك وجب على الزوجين احترامه وتقديسه والعمل من أجل إنجاحه وبذل الجهد والعطاء اللازم لذلك.

٩- بما أن الزواج علاقة ديناميكية بين شخصين تعتورها أوقات عصيبة، فالتسامح هو من أهم العوامل المساعدة في تحقيق الاستقرار النفسي والاجتماعي والعاطفي بين الزوجين.

حقوق الزوج على زوجته

– أن تطيعه في كل أمر ما لم يكن معصية لله تعالى فلا تطيعه فيه "لا طاعة لمخلوق في معصية الخالق".

– أن لا تخرج من بيته إلا بإذنه.

– أن لا تدخل بيته أحد يكرهه.

– أن ترعى أولاده وتنشئهم تنشئة صالحة.

– أن لا تتصرّف بشيء من ماله إلا بإذنه.

– أن تحرص على كل أمر يدخل السرور على نفسه.

– أن تؤدي حقوقه العاطفية على أحسن وجه.

حقوق الزوجة على زوجها

– أن يوفيها مهرها كاملا غير منقوص.

– أن ينفق عليها بالمعروف.

– أن تكون النفقة حلالا وهذا أم ما يجب التحري فيه.

- أن يسعى في تعليمها لدينها لتعرف واجبها وتأخذ بأسباب النجاة وعليه أن يعلّمها سورتي النساء والنور لأنهما تتحدّثان عن أمور النساء وآداب المنزل.
- أن لا يفشي سرها كأن يتحدّث إلى الناس بما يجري بينهما وكذلك أن لا تفشي هي سره.
- أن يغار عليها غيرة تقي عرضه أن يتدنس وشرفه أن ينثلم.
- أن يحسن عشرتها ويحتمل الأذى رحمة بها.
- إن كان متزوجا بأكثر من واحدة يجب أن يعدل بينهن.

مواصفات الزوجة الصالحة.

- الطاعة بالمعروف.
- القناعة والرضا بالحياة.
- العفة والحياء.
- التواضع والرقة والأنوثة ولين الجانب.
- الأمانة والصبر والإخلاص.
- الستر في الحياة.
- صادقه صريحة واضحة.
- طاهرة متدينة أصيلة.
- تراقب أعمالها وتحاسب نفسها.
- لسانها ذاكر وقلبها شاكر، تسر زوجها وتحافظ على عرضها.

كيف تعتني المرأة الحامل بنفسها

تبدأ عنايتك بطفلك منذ اليوم الذي تدريكن فيه أنك حامل وليس من يوم ولادته، إذا أنه بالزيارات المنتظمة لطبيبك، والمشورات الطبية التي ينصحك بها تمنحين نفسك أفضل فرصة لفترة حمل طبيعية، وولادة أمينة، وطفل طبيعي. أن أفضل جزء في فترة ما قبل الولادة هو الاهتمام الجيد الذي تعطيه لنفسك من خلال الطعام والرعاية الصحية والتمارين والوقاية من التعقيدات.

مقترحات كي تكسبي صحة جيدة في أثناء الحمل

١-   الأمراض المعدية: تجنبي الأمراض الناقلة للعدوى وبعض هذه الأمراض قد لا تسبب وجعا أو مضايقة كبيرة، لكنها ذات خطر أكيد على طفلك، وهذه الأمراض كبيرة الخطر على طفلك في الأشهر الثلاثة الأولى من الحمل، لكنها تبقى موجودة بدرجة ما خلال فترة الحمل كلها، أبلغي الطبيب عن أية أعراض محتملة.

٢-   الصحة: الاستحمام اليومي فكرة نموذجية لا بد منها، والاستحمام في البانيو جائز في فترة الحمل الأولى، لكن في الشهور الأخيرة يفضل استخدام الدوش، وحاذري من البرد والانزلاق. نظفي المناطق التناسلية كل

صباح باستخدام الماء والصابون وحرصي على التنظيف الجيد بعد دخول الحمام.

من الشائع وجود إفرازات مهبلية بيضاء إلى صفراء في أثناء الحمل، لا حاجة لأي علاج ما دام الإفراز ليس كثيفا، ولا يسبب حكة ولا حرقة.

واصلي حياتك الجنسية بشكل طبيعي حتى الأسابيع الستة الأخيرة من الحمل، لكن يجب مراعاة قواعد النظافة التامة، وحاذري دخول الميكروبات والأجسام الغريبة إلى المهبل، خصوصا بعد نزول رأس الطفل إلى قناة الولادة.

٣- العناية بالثدي: افحصي ثدييك بانتظام في أثناء الحمل، ويجب أن تتعرفي على تكوين ثدييك حتى تستطيعين إدراك أي تغيّر في نسيج الثدي، وإن لاحظت أي اختلاف في أحد الثديين، افحصي ذلك في زيارتك القادمة للطبيب، وإن كنت تنوين الإرضاع، افحصي ثدييك للتأكد من عدم وجود مشاكل تشريحية تتدخل في الرضاعة. يجب على الحامل ارتداء حمالة صدر جيدة غير ضيقة لتساعد على حفظ نسيج الثدي سليما، بعد الشهر الرابع من الحمل يبدأ الثديان بإفراز مادة (اللبا) وهذا طبيعي جدا. فضعي قطعة لإزالة السائل. وحاول غسل مكان السائل باستمرار.

٤- ملابس الحمل: لا ترتدي ملابس ضيقة أو حمالات صدر صغيرة، وبمعنى آخر لا تتدخلي بدورتك الدموية، لذا يجب أن تنزل الملابس عن الكتفين وليس عن الخصر، ولا ترتدي بنطالا ضيقا أو مشدا، وكلما كبر بطنك تنشد عضلاته وتتغير للسماح لطفلك باتخاذ أوضاع مختلفة، وعادة ما ترتخي مفاصل الحوض وتتوسع لتمنح مساحة أوسع للولادة، من الشهر الرابع والخامس قد تصابين بألم في الظهر والإجهاد ويزداد تقوس الجزء الأسفل من العمود الفقري، وقد تحتاجين إلى مشد حمل خاص يصفه لك طبيبك، وانتعلي حذاء مريحا بكعب واطئ عريض، لأنه يخفف التوتر في قدميك وألم ظهرك.

٥- أعمال البيت والتمارين: واصلي أعمال بيتك الاعتيادية، طالما تحافظين على طريقة رفع الأشياء والانحناء للوصول إليها بطريقة سليمة، ولا تحركي الأثاث الثقيل، ولا تقومي بالفرك الشديد، ولا تتعبي نفسك كثيرا.

أنت تحتاجين إلى التمارين الرياضية، لكن باعتدال، والتمارين التي تقومين بها يجب أن تكون متشابهة لتلك التي كنت تقومين بها قبل الحمل، وإذا كنت تقودين سيارة أو تسبحين واصلي ذلك. لكن يجب أن تتوقفي قبل أن تتعبي لأن المرأة تتعب في أثناء فترة الحمل بسهولة، وتسترد عافيتها أبطأ من المعتاد وإذ واجهت أي صعوبات استشيري طبيبك، ابدئي بالمشي الصباحي والمسائي في الهواء الطلق والمشي في أثناء عمل البيت لا يعدُ مشيا.

٦- روتين الأمعاء

قد تسبب التغيرات التي تحدث في جسدك في أثناء فترة الحمل، الإمساك خصوصا في الأشهر الثلاثة الأخيرة، وأهم جزء من العناية بالأمعاء هو الغذاء المناسب. تناولي وجباتك الثلاث، وحاولي شرب كأس من الماء والعصير حالما تقومين من سريرك في الصباح. واشربي عدة كؤوس من عصير الفواكه كل يوم، وتناولي في الفطور أكلا يحتوي على الحبوب ومشتقاتها، والفواكه الطازجة مثل التين، التمر، البرتقال التفاح، وتناولي الخضار ذات الأوراق الخضراء، خلال الوجبات النهارية، ولا تنسي التمارين الرياضية، ولا تستخدمي الحقن الشرجية أو المسهلات.

٧- النوم:

الوصف الدقيق الذي ينطبق عليك في شهور الحمل الأولى، الكسل وكثرة النوم لأن جسدك يحاول أن يتكيف مع عمليات التغيّر، وخلال فترة حملك يجب أن تنظمي وقتك بحيث تنامين ثماني ساعات ليليا، وفترة غفوة قليلة أو فترتين خلال اليوم أما إذا شعرت بالتعب فارتاحي قدر المستطاع ولا تحاولي التغلّب على نعاسك.

٨- التدخين

التدخين مضر بالصحة، خصوصا إذا صاحبه وجبات طعام غير كافية، وهذا بالتأكيد يعرض صحة طفلك لخطر شديد، وقد يولد طفلك خداج أو لا يزيد وزنه لذا من الأفضل لك خلال فترة الحمل الامتناع تماما عن التدخين.

٩- تعاطي الأدوية.

إياك أن تصفي لنفسك الأدوية مهما كانت، فقد تؤثر الأدوية على طفلك والقانون الذي يجب أن تتبعيه هو لا دواء إلا بعد استشارة الطبيب.

١٠- العمل والسفر

إذا أردت السفر خلال فترة الحمل، فهذا قرار يجب أن تتخذيه أنت وزوجك وطبيبك معا، وبقاؤك نشيطة يضيف متعة إلى مغامرتك الجديدة، لكن عليك أن توازني الأمور، واصلي العمل طالما كنت قادرة وقد تضطرك ظروفك المادية لمواصلة العمل حتى الأسبوع الأخير من حملك. لكن انتبهي وحضّري نفسك فقد تضطرين للإسراع إلى مستشفى الولادة في أية لحظة.

أما بالنسبة للسفر فتستطيعين ذلك طالما لم يكن عندك نزيف في الشهور الأربعة الأولى من حملك. وإذا لم يكن عندك شكوى جسدية وإذا كانت رحلتك غير متعبة.

١١- العناية بالأسنان

لا تنسِ أبدا العناية بأسنانك، حافظي عليها اغسليها بعد كل وجبة وراجعي طبيب أسنانك، أنت لا تعطين طفلك الكالسيوم من أسنانك ولا عظامك بعكس ما هو سائد "مع كل طفل تفقدين سنا" هذا غير صحيح لأن كالسيوم طفلك يأتي من غذائك.

١٢- التغذية:

الغذاء الصحي الكامل الذي تتناوله الحامل يقلل من إمكانية ولادة طفل الخداج ومجموعة الأغذية الأساسية التي يجب أن تتناولي جزءا منها كل يوم تعطيك بناء قويا وهي:

١- تجنبي زيادة الملح واشربي من ستة إلى ثمانية كؤوس من الماء والسوائل يوميا.

٢- وتناولي فيتامين يحتوي على الكالسيوم، والحديد خلال فترة الحمل والرضاعة.

٣- وإذا زاد وزنك سريعا، توقفي عن تناول الزيوت والدهون والخبز والحبوب.

٤- وإياك البدء برجيم غير صحي وأنت حامل.

النساء يأكلن أشياء غريبة في أثناء الحمل

تشير دراسة أجريت حديثا في بريطانيا حول ظاهرة الوحم (الوحام) عند الحوامل إلى غرابة الأطعمة التي تشتهيها الحامل لتشمل أحيانا، مواد غير قابلة للأكل أحيانا فوجدت دراسة أجرتها شركة سانتوجين البريطانية لصناعة حبوب الفيتامينات على (٢٠٠) امرأة حامل أن بعض المشاركات يأكلن مواد غريبة، مثل حذاء رياضة للأطفال عيدان ثقاب محروقة.

بينما عمدت بعض الحوامل إلى تناول ما هو قابل للأكل ولكن مخلوط بمواد غريبة وشملت القائمة أطعمة مثل آيس كريم بالخردل، شمندر مغطى بالكستر، ثوم وفراولة شوكولاته مخلوطة بالسلطة، زيتون محشي بالبرتقال، مسحوق القهوة مرشوش على كعكة.

وأحيانا تجد الحوامل أنفسهن غير متأكدات من أنواع الأطعمة المسموح لهن بتناولها ومعظم الأطعمة التي تتناولها الحامل لا تشكل خطورة على الحامل لكن مواد مثل حذاء رياضية غير قابل للهضم مثير للغرابة.

وينصح الحامل أن تراجع طبيبا إذا كانت تكثر من أكل هذه الكميات لضمان توازن طعامها خلال فترة الحمل ولا يعرف حتى الآن سبب ظاهرة الوحم عند الحوامل.

الحزن في الحمل يشوه الجنين

إن الضغوط العاطفية والنفسية الشديدة التي تتعرض لها المرأة خلال فترة الحمل وحتى قبلها يمكن أن تكون عاملا في ظهور إصابات للجنين. إن الضغوط النفسية القوية خلال الحمل، مثل فقدان الوظيفة أو الطلاق أو الافتراق بين الأزواج أو الحزن على ميت، يمكن أن تؤدي إلى حالات غير طبيعية في الجنين وتشوهات كالشرم أو انشقاق الشفة والحلق.

إن معدل الإصابة بالتشوهات الخلقية لمواليد قد تعرضت للضغوط يبلغ ضعف المعدّل عند النساء الأخريات، كما لوحظ أن النساء اللواتي يحملن مرتين متعاقبتين أكثر عرضة من غيرهن لإنجاب طفل مشوه.

توقيت الولادة

إن مباعدة الولادات من أهم السبل وأكثرها فاعلية لتحسين صحة النساء والأطفال وهذه الحقيقة غير معروفة على نطاق واسع حتى الآن،

فالولادات الكثيرة جدا والمتقاربة جدا هي السبب في حوالي ثلث وفيات الأطفال في العالم.

لذا فالوسائل الصحية الأساسية الأربع التي يتضمنها. هذا الكتاب نستطيع من الحد من وفيات أكثر الأطفال. لذا يجب على المرأة الانتباه لما يلي:

١-   الحمل المبكر قبل عمر ١٨ عاما أو المتأخر بعد ٣٥ سنة يزد من المخاطر الصحية التي تهدد الأم وطفلها.

٢-   يزيد خطر وفاة الأطفال الصغار بنسبة ٥٠% إذا كان الفاصل الزمني بين ولادة وأخرى أقل من سنتين.

٣-   إنجاب أكثر من خمسة أطفال يزيد من المخاطر الصحية في أثناء الحمل والولادة.

٤-   تنظيم الأسرة يتيح للزوجين التحكم في موعد البدء بإنجاب الأطفال وعددهم والفاصل الزمني بين الواحد والآخر وموعد التوقف عن الإنجاب.

معظم الخدمات الصحية تستطيع الإرشاد إلى عدة أساليب مأمونة وفاعلة لتنظيم الأسرة إذ إنه ما من أسلوب واحد بعينه من أساليب توقيت

الولادات يصلح لكل الناس، إن المباعدة بين الولادة بفترة لا تقل عن سنتين وتجنب الحمل قبل ١٨ وبعد ٣٥ يساهمان في ولادة أطفال أصحاء.

الأمومة السليمة

١- يمكن خفض المخاطر الناجمة عن الولادة بشكل جذري من خلال زيارة أقرب مركز صحي لإجراء الفحوصات المنتظمة أثناء الحمل.

٢- يجب استدعاء شخص مدرَّب عند كل ولادة. (قابلة مدرّبة).

٣- لتخفيض مخاطر الحمل والولادة ينبغي على كل أسرة أن تعرف علامات الإنذار قبل الحمل.

-فاصل زمني من سنتين بين الولادة الجديدة، وآخر ولادة.

-عمر المرأة أقل من ١٨ سنة وأكثر من ٣٥ سنة عند الحمل.

-الأم الحامل عندها خمسة أطفال أو أكثر.

-أن تكون الأم قد وضعت طفلا سابقا بوزن يقل عن ٢ كغم عن الولادة.

-أن تكون الأم قد عانت من مضاعفات في أثناء ولادة سابقة أو أجريت لها عملية قيصرية.

-أن تكون قد ولدت طفلا خديجا (قبل أوانه).

-أن تكون قد أجهضت أو وضعت طفلا ميتا.

–إذا كان وزنها قبل الحمل أقل من ٣٨ كغم.

–إذا كان طولها أقل من ١٤٥ سم.

علامات الإنذار في أثناء الحمل

– عدم تحقيق زيادة في الوزن "تكسب الأم الحامل ٦ كغم على الأقل في أثناء فترة
الحمل"

– شحوب الجفن الداخلي للعين (لونه وردي أو أحمر).

– تورّم الرجلين والذراعين أو الوجه بشكل غير طبيعي.

أربعة مؤشرات تستوجب استشارة الطبيب

١- النزف في أثناء الحمل.

٢- الصداع الحاد.

٣- التقيؤ الشديد.

٤- الحرارة المرتفعة.

٤- كل النساء الحوامل في حاجة إلى مزيد من الغذاء والراحة.

الراحة في الأشهر الثلاثة الأخيرة للحمل. وتشكيلة الطعام (حليب، فواكه، خضار،
لحوم، حبوب) الابتعاد عن المشروبات الروحية والتدخين والعقاقير المخدرة.

٥- مباعدة الفاصل الزمني بين الولادة والأخرى على الأقل سنتين.

الرضاعة الطبيعية

إن الكثير من الأمهات تنقصهن الثقة بقدرتهن على الإرضاع لذا فهن بحاجة إلى تشجيع ودعم عملي من الأزواج والعاملات الصحيات والأقارب والأصدقاء والمجموعات النسائية ووسائل الإعلام والنقابات المهنية وأرباب العمل.

- حليب الأم وحدهُ الغذاء الأفضل والشراب الأمثل للطفل في الشهور الأربعة أو السنة الأولى من عمره. فهو يسهم بحماية الطفل من الإصابة بالإسهال والرشح والسعال، الإرضاع المتكرر يؤخر الدورة الشهرية ويساعد على تأخير الحمل وهي وسيلة مضمونة لتنظيم الأسرة.
- يجب البدء بإرضاع الطفل في أسرع وقت ممكن بعد الولادة، إذ أن من مقدور كل امرأة أن ترضع طفلها شروط الإرضاع.

١- إذا أخذ الطفل الثدي في فمه وهو وضع صحيح ومريح.

٢- إرضاع الطفل كلما احتاج ليلا أم نهارا.

٣- إن الوضع الصحيح للطفل في أثناء الرضاعة مهم جدا لتفادي مشكلات: مثل:

أ- تقرّح الحلمات أو تشققها.

ب- قلة الحليب.

ج- رفض الطفل الرضاعة.

أما العلامات التي تبين أن الطفل في وضع جيد للرضاعة فهي:

أ- أن يكون جسم الطفل كله متجها نحو أمه.أن يرضع الطفل رضعات طويلة وكبيرة.

ب- أن يكون الطفل مسترخيا وسعيدا.

ج- أن لا تشعر الأم بألم في الحلمتين.

في الأشهر الأولى ضرورة الاعتماد على الرضاعة الطبيعية وعدم استبدال ذلك بأطعمة وأشربة بديلة "فلا بد من أن يرضع رضاعة كافية من أمه".

– الإرضاع المتكرر ضروري لإدرار حليب كاف لتلبية حاجات الطفل الغذائية وهذا يمنع تحجر الثديين وتورمهما.

– الرضاعة بالزجاجة قد تؤدي إلى أمراض خطيرة وإلى الوفاة.

– يجب الاستمرار في إرضاع الطفل حتى وقت متقدّم بعد إتمام سنته الأولى أو لفترة أطول إن أمكن ذلك.

فحليب الأم مصدر مهم للطاقة والبروتين ويساعد على وقاية الطفل من الأمراض، الطفل المريض يحتاج إلى حليب الأم الغني بالفيتامينات وهو سهل الهضم.

التحنيك

عن أسماء بنت أبي بكر الصديق رضي اللـه عنهما، أنها حملت بعبد اللـه بن الزبير بمكة، قالت فخرجت وأنا متم أي شارفت على الولادة، فأتيت المدينة، فنزلت قباء فولدت بقباء ثم أتيت الرسول صلى اللـه عليه وسلم فوضعه في حجره وأذن في أذنيه، ثم دعا بتمره فمضغها ثم حنكهُ بالتمر ودعا له بالبركة – وكان أول مولود في الإسلام، ففرحوا به فرحا شديدا لأنه قيل لهم: "إن اليهود سحرتكم فلا يولد لكم".

إن التحنيك له حكمة بالغة، فالتمر يحتوي على السكر (الجلوكوز) بكميات وافرة وخاصة بعد إذابته بالريق الذي يحتوي على أنزيمات خاصة تحول السكر الثنائي (سكروز) إلى أحادي كما أن الريق ييسر إذابة هذه السكريات وبالتالي يمكن لطفل المولود أن يستفيد منها، وكما أن كل المواليد يحتاجون (للسكر الجلوكوز) بعد ولادتهم مباشرة فإن إعطاء الطفل التمر المذاب يقيه من مضاعفات نقص السكر الخطيرة، لهذا دأبت المستشفيات على

إعطاء المولودين محلول الجلوكوز ليرضعه المولود بعد ولادته مباشرة ثم تبدأ عملية الرضاعة.

فوائد التحنيك

- علاج وقائي من أمراض خطيرة سببها نقص الجلوكوز في الدم.
- إذا كان وزن المولود (٢,٥) كغم، فهذا يدل على أن مستوى الجلوكوز منخفض مما يؤدي إلى رفض المولود الرضاعة، فيؤدي إلى ارتخاء العضلات وتوقف متكرر عن التنفس ونوبات تشنج، وربما يؤدي إلى الشلل الدماغي (الصرع) والعلاج (سكر مذاب بالماء يعطى بالفم إن استطاع البلع أو بواسطة الوريد مع توفير الأكسجين بالحاضنات الخاصة) المسماة (الخداج).

رابطة التعلّق بالأم

إن الحب والعناية والرعاية التي يتلقاها الطفل في سنين حياته الأولى من الأهمية بمكان، فالطفل بحاجة لعلاقة دافئة مستمرة مع الأم لتوفير احتياجاته النفسية والجسمية والصحية.

مخاطر حرمان الطفل من أمه

- يؤثر على النمو العقلي والبدني والاجتماعي والنفسي لعدم وجود الناحية العاطفية وتقديم الحنان له وعدم تقديم احتياجاته وإشباعها يؤدي لشعور بعدم الأمان.

أنواع الحرمان

١- حرمان جزئي

غياب الأم للعمل يؤدي إلى فقدان الرابطة التعلقّية، ويقوم مقام الأم الجد أو الجدة أو أي شخص سواء كان قريبا أو من يقوم مقام الأم، وتكون الآثار المترتبة على الطفل عن هذا الحرمان الجزئي، القلق، التعطش للمحبة، اضطرابات سلوكية تولد له شعورا بالانتقام.

٢- حرمان كلي

عندما تغيب الأم نهائيا من حياة الطفل وكذلك الأهل بحيث يكون البديل غريبا كليا مثل دور رعاية الأيتام، أو الحاضنة الأجنبية فتكون النتائج المترتبة عن الحرمان أشد خطرا على النمو مما يؤدي إلى الاكتئاب والفشل في التكيف مع المجتمع ثم الانحراف.

العوامل التي تؤثر على الحرمان من الأم.

هناك ثلاثة عوامل تلعب دورا مهما في تأثير الحرمان ودرجته وشدته وهي:

أ- السن: أي العمر الذي فقد فيه الطفل أمه، فقد وجدت دلالات على أن الفقد المبكر للأم له ضرر بليغ على الطفل.

ب- طول مدى الحرمان: كلما زادت مدى الحرمان زادت الأضرار على الطفل.

ج- مقدار ذلك الحرمان: بمعنى هل هو جزئي مؤقت أم حرمان دائم.

أنماط التعلّق

١- التعلّق الآمن: لأن الأم هي الملاذ الآمن له بحيث تلبي جميع احتياجاته.

٢- التعلّق غير الآمن: حيث لا تستجيب الأم لإشارات طفلها في إشباع حاجاته البيولوجية والعاطفية، ويقابل بالرفض والتهديد فيكون لديه تعلّق غير آمن تزداد التوقعات السلبية اتجاه الذات والآخرين وقد يلجأ الطفل للابتعاد والتجنب وتزداد مشاعر القلق لديه.

صرخات الطفل في الأشهر الأولى

١- الألم: صرخة مفاجئة طويلة ذات درجة ونغمة عالية تتلوها لحظات قصيرة من التوقف ثم صرخة.. وهكذا، وعادة ما تكون صرخة الألم أول الأنواع التي تستطيع الأم تتميزها.

٢- الجوع: نوع يتزايد ببطء، وهذا النوع تتعلمهُ الأم مع الوقت

٣- الملل: أنين فاتر فيه غنة كأن يخرج من الأنف ويضايق بعض الشيء وقد يعني أن الطفل يشعر بالتعب وعدم الراحة.

٤- التوتر: أنين مضجر يشبه أنين الألم.

٥- المغص: أشد الصرخات التي لا تطاق وتبدأ فجأة وتستمر دون توقف لوقت طويل وقد يقبض الطفل خلالها على يديه بشدة ورجليه قد يحمر وجهه.

فعند سماعك لأحد الأصوات السابقة لا تخافي وحاولي معالجة الطفل بالحب والحنان ليشعر بأنه بقربك وخاصة من ناحية الأمن.

طرق تغذية الطفل

١- يجب أن يوزن الطفل بانتظام خلال الفترة ما بين ٦ أشهر إلى ثلاث سنوات الأولى من عمره، فإذا تبين أن الطفل لم يكسب آية زيادة في وزنه على مدى شهرين فمعنى ذلك أن هناك خلافا.

٢- حليب الأم وحده هو الغذاء الأمثل للطفل خلال الشهور الأربعة أو السنة الأولى من عمره.

٣- عند عمر أربعة على ستة أشهر يحتاج إلى أطعمة أخرى بالإضافة إلى حليب الأم (خضروات مسلوقة، حبوب مطبوخة).

٤- يحتاج الطفل دون السنة الثالثة من العمر إلى خمس أو ست وجبات غذائية يوميا. إضافة إلى الفواكه المبشورة وقليل من الزيت أو الدهن.

٥- يحتاج الطفل دون الثالثة من العمر إلى كمية قليلة من الدهن أو الزيت تضاف إلى طعام الأسرة.

٦- يحتاج الأطفال جميعا إلى غذاء غني بفيتامين "أ" وهو مفيد إذا ما أصيب بالإسهال أو الحصبة، وهو يقي من الإصابة بالعمى.

٧- يحتاج الطفل إلى فترة النقاهة إلى وجبات إضافية ليعوض ما فقده من الوزن في أثناء المرض. (إعطاء الطفل جميع اللقاحات، المحافظة على النظافة، الرضاعة الطبيعية).

٨- التحدّث واللعب مع الطفل والتودد إليه عناصر أساسية لنموه جسديا وعقليا وعاطفيا.

الحاجة إلى الحب والحنان

- يحتاج الطفل إلى علاقة محبة حميمة تربطه مع من يحيطونه بالرعاية.
- منذ يومه الأول يستطيع الطفل الرضيع أن يتفاعل مع أجواء المحبة المحيط به.
- التوافق بين قول الوالدين وأفعالهم يكسب الطفل شعورا بالأمان.
- إن من شأن الغضب والعنف أن يقوض نموه العقلي والعاطفي.
- إن إشعار الطفل بحب وحنان الوالدين في وقت مبكر جدا من عمره يساعده على انتهاج نمط مشابه حين يكبر.

الحاجة إلى حفز الطفل

- أهم العناصر لتحقيق النمو العقلي للطفل هي اللغة، اللعب، الحب.
- يحتاج إلى كلمات التعزيز والمداعبة والعناق والابتسامات.
- الاهتمام الكافي بطفل يشعره بالسعادة.
- إعطاء الطفل حرية الاكتشاف واللعب.
- اللعب لا يعني دائما حل المشكلات أو تحقيق الغايات.
- يحتاج الأطفال إلى المساعدة لتطوير قدراتهم على الابتكار.
- قراءة القصص تساعد عقل الطفل على النمو كما تعده لتعليم القراءة والكتابة.
- يحتاج الطفل إلى المدح والتشجيع والاعتراف بجهودهم وأعمالهم من أجل نمو سليم.

التطعيم (التحصين)

يمكن وقاية الأطفال من أمراض الطفولة الفتاكة الستة بإعطائهم اللقاحات الضرورية، وعلى الرغم من توافر خدمات التحصين فإن الكثير من الأطفال الرضع الذين هم بحاجة إلى اللقاحات لا يحضرون لأخذ دورة كاملة من اللقاحات.

لذا كان من الضروري توعية الآباء والأمهات بأهمية هذه اللقاحات وإعلامهم بأماكن التطعيم ومواعيده إضافة إلى عدد الجرعات التي يجب أن يحصل عليها الطفل. فإذا لم يتوافر التحصين عن طريق وزارة الصحة وجب على الآباء مراجعة الأطباء لهذه الغاية.

– التطعيم يحمي الطفل من أمراض خطيرة عديدة وتزداد مخاطر إصابة الطفل بسوء التغذية أو الإعاقة أو الموت إذا لم يكن محصنا، إن الرضاعة الطبيعة عامل مساعد لتحصين الأطفال من الأمراض.

– التطعيم ضرورة ملحة لذا يجب إعطاء الطفل دورة كاملة من اللقاحات خلال السنة الأولى من عمره.

أ- عند الولادة: يلقح الطفل ضد السل والشلل.

ب- ٦ أسابيع: يلقح الطفل ضد (الخانوق، السعال الديكي، الكزاز، شلل الأطفال).

ج- ١٠ أسابيع: يلقح الطفل ضد (الخانوق، السعال الديكي، الكزاز: شلل الأطفال).

د- ١٤ أسبوعا: يلقح الطفل ضد (الخانوق، السعال الديكي الكزاز، شلل الأطفال).

هـ- ٩ شهور: يلقح الطفل ضد (الحصبة) ويعطى من عمر ١٢- ١٥ شهرا.

‒ تحصين الطفل المريض لا ينطوي على أية خطورة.

فإذا ظهرت بعض الأعراض كارتفاع الحرارة والتقرحات فلا خوف عليه.

‒ يجب تحصين جميع النساء بين سن ١٥ و ٤٤ سنة ضد الكزاز إذا لم تكن المرأة لُقحت ضد الكزاز من قبل وجب عليها.

أ‒   أن تأخذ الحقنة الأولى عندما تعلم بأنها حامل.

ب‒ أن تأخذ الحقنة الثانية بعد أربعة أسابيع.

ج‒ أن تأخذ الحقنة الثالثة بعد ستة أشهر من تاريخ الثانية.

أنواع التطعيمات (اللقاحات):

١‒ لقاح حي ملطف: مثل لقاح شلل الأطفال أو الحصبة وغالبية اللقاحات التي تكون لأمراض سببها فيروسات تكون من هذا النوع واللقاح يكون عبارة عن فيروس المرض المراد التخلّص منه ولكن تجب معالجته بطريقة معينة، بحيث يكون قادرا على إحداث استجابة مناعية في الجسم ولكنه يكون ضعيفا بحيث لا يمكنه إحداث مرض.

وهذا النوع من اللقاح تحدث مناعة جيدة وذات أمد طويل دون الحاجة لتكراره لأكثر من مرتين باستثناء لقاح شلل الأطفال.

٢- لقاح غير نشط: مثل لقاح السعال الديكي والكوليرا وهذا اللقاح ضعيف نوعا ما يحتاج إلى تكراره لأكثر من مرة ويعطي مناعة قصيرة الأمد.

٣- تكسين معالج: والتكسين عبارة عن مادة سامة تنتجها بعض أنواع البكتيريا مثل الدفتريا والكزاز.

موانع إعطاء اللقاح

أ- موانع مؤقتة:

– حالات ارتفاع درجة الحرارة.

– الإسهال والتقيؤ وخاصة في حالة إعطاء لقاح شلل الأطفال.

– إذا كان الطفل يعطى دواء الكورتيزون فلا يجب أن يعطي اللقاحات الحية الملطفة إلا بعد مرور ثلاثة أشهر من آخر جرعة كورتيزون.

ب- موانع دائمة:

– نظرا لوجود بعض أنواع المضادات الحيوية في بعض أنواع اللقاح فعلى هؤلاء الذين لديهم حساسية من هذه الأدوية الامتناع عن أخذ هذا النوع من اللقاحات.

– أمراض جهاز المناعة مثل اللوكيميا ولليمفوما.

أمراض جهاز العصبي التي لم تستقر بعد مثل حالات الصرع التي لم تشخص أسبابها بعد.

اختيار اسم المولود

الآباء يصلون رحمهم بتكرار أسماء الأقارب. يصاحبك من لحظة ميلادك ولا يفارقك أينما كنت، منا من يسعد ويعتز به، ومنا من يضجر ويخجل منه والبعض يغيره والسؤال هنا هل يؤثر هذا الصاحب في شخصية وتصرفات صاحبه؛ من خلال هذا الكتاب تتعرف عزيزي المربي على أهمية الاسم وتأثيره في شخصية أبنائك:

١- إن اختيار الاسم الحسن حق للأبناء لا تسبقه إلا حق في حسن اختيار أمه، فالاسم يؤثر بشكل مباشر على نفسية الابن وسلوكه، وقد عرف ذلك العرب القدماء وكانوا يحسنون أسماء البنات بينما يسمون أبناءهم بأسماء فيها معنى الشدة والقسوة مثل كلب، صخر، جحش، ولما سئل أعرابي في ذلك أجاب نسمي بناتنا لنا ونسمي أبناءها لأعدائنا.

٢- أن الاسم يحمل الحسن والقدوة الحسنة ويستطيع الأبناء الاستفادة من المعنى المستحب لأسمائهم مثل (جواد) تكون طباعه الكرم والأخلاق الطيبة.

٣- الأسماء القديمة لها معاني متجددة.

٤- خير الأسماء ما حُمدّ وعُبّد وأحبها الهمام والحارث.

٥- انتقاء الأسماء من القرآن الكريم ففي ذلك عز وفخر.

٦- بعض الأسماء ما يثير السخرية ويسبب للبنات مشكلات مثل موزة، زوبعة، جزمة.

المكروه من الأسماء

١- التسمية بمعان تدل على الإثم والمعصية مثال (عاصي، ظالم، سراق).

٢- التسمي بأسماء حيوانات مشهورة بصفات سيئة (خنفساء، خنزير، جعران).

٣- تقليد الكفار بأسماء الساقطين والساقطات من الذين يقودون الشباب نحو الهاوية.

شروط اختيار الاسم

١- أن يكون عربيا، غير أعجمي، أو خليطا بين العربي والأعجمي.

٢- أن يكون جميلا في شكله ومعناه لغة وشرعا.

٣- الحرص على اختيار الاسم المحبوب.

٤- مراعاة قلة حروف الاسم ما أمكن.

٥- مراعاة خفة نطق الاسم على الألسن.

٦-   مراعاة التسمية بما يحفظ سريعا.

٧-   مراعاة أن يلائم الاسم حال المسمى حتى لا يكون مدعاة للسخرية.

متى يتكلم الطفل

تعتبر عملية تطور الكلام واللغة عن الأطفال مؤشرا مهما على مقدرات الطفل على التعلّم في المستقبل، فالطفل الذي يتكلم مبكرا، ويكون كلامه واضحا، تكون قدراته على التعليم أكبر من الطفل الذي يتأخر في الكلام ويكون كلامه غير واضح، وهذا يعني أن للكلام علاقة بالإمكانيات العقلية للطفل ودرجة ذكائه، وعادة ما يكون تطوّر عملية الكلام طبيعيا ويسيرا، بحيث يتقن الأطفال أصول لغتهم ومعظم قواعدها السمعية في السنة الخامسة من العمر، من دون أي جهد خاص من الأهل، إلا أن الجهود المبذولة من الأهل لتعليم طفلهم اللغة والكلام قد تختصر المدة، ومن هنا نستنتج أن للبيئة المحيطة بالطفل دورا أساسيا في تعلم اللغة والنطق بها. فالطفل الذي يعلمه والده كيفية لفظ الحروف و الكلمات ومعانيها يتكلم أبكر من الطفل المُهمل.

ومعنى اللغة هنا هي معرفة مجمل الرموز المستعملة في الاتصالات الصوتية، أما الكلام فهو القدرة على إيصال اللغة بالأصوات المنطوقة لذلك فإن تعلّم اللغة عند الطفل يسبق عملية الكلام. فالطفل يعرف في البداية من

خلال حركاته وتعبيراته التعليمات الصوتية (اللغة) ومن ثم تبدأ عملية الكلام بالنطق ببعض الحروف.

في الشهر الثالث ينظر الطفل إلى جهة الصوت ويتجاوب معه ويخرج بعض الأصوات في الشهر الخامس يلتفت عند مناداته باسمه، ويحاول تقليد بعض الألفاظ، وفي الشهر السابع يستجيب حركيا لبعض الطلبات مثل (خذ، تعال)، وفي الشهر التاسع يتوقف عن اللعب والحركة إذ نودي باسمه أو قيل له لا، وفي الشهر الثاني عشر يجيب عن بعض التساؤلات البسيطة، بالإشارة أو النظر، كأن يسأل أين ماما فينظر نحوها أو يدل عليها، وفي هذا العمر يبدأ أول كلماته.

وفي خلال الشهر الخامس عشر يبدأ التمييز للأسماء وخاصة أعضاء الجسم، وخلال المرحلة السابقة (السنة الأولى) يتماثل جميع الأطفال تقريبا بالنسبة لعملية اللغة والكلام.

وتبدأ عملية الكلام بالتقاط بعض الأحرف في حوالي الشهر الثالث، وتكرار هذه الأحرف يثبتها لديه، ثم يبدأ بالتقاط بعض الكلمات دون أن يعرف معناها، إلا أن الأهل يجعلون لهذه الكلمات معنى عن طريق ترددادها وربطها بمعنى معين ومدلول معين بين السنة والسنة والنصف من عمر الطفل يتباطأ تطور الكلام لانشغاله باكتشاف إمكاناته الحركية كالمشي والانسجام

النسبي في النشاط العضلي، ثم يبدأ الاهتمام بالكلام والاستفسار، غير أن الكلمات لديه

تبقى محدودة. مما يؤدي إلى حدوث التأتأة، لأن الطفل يحاول التعبير عما يريد لكنه لا

يجد الكلمة المناسبة، وهذه المرحلة هي مرحلة طبيعية وعملية استعجال الطفل أو تأنيبه

على التأتأة خطأ فادح، أما القدرة على التعبير فتتأخر على القدرة على الفهم، حيث أن

الفهم للغة يأتي أولا ثم القدرة على التعبير ثانيا. أما بين السنة الثانية والسنة الرابعة من

العمر، فيكون تطور عملية الكلام على أشده، غير أن ضبط مخارج الحروف يبقى ناقصا، كما

أن السيطرة على ارتفاع الصوت ونفحته لا تكون كاملة، كما تبدأ السيطرة على لفظ

الكلمات بالسيطرة على الحرف الأول من الكلمة، ثم تتطور إلى السيطرة الكاملة على

الحروف، وعلى الأهل الانتباه إلى الإرشادات التالية لضمان تطور عملية الكلام على

أطفالهم تطورا سلبيا وسريعا:

١-   تعليم الطفل طريقة لفظ الحروف والكلمات بطريقة هادئة، وبكثير من الصبر،
وعدم الاستعجال للطفل وتأنيبه أو إعطائه سيلا من التعليمات.

٢-   عندما يصعب على الطفل إيجاد الكلمة المناسبة للتعبير، على الأهل تزويده
بالكلمة المناسبة لكن بهدوء وبشكل عادي.

٣- عندما يريد الطفل أن يروي أو أن يعبر عن حادثة معنية، على الأهل الإصغاء للطفل بكل روية وصبر.

هذا ويستطيع الطفل تعلّم لغتين مختلفتين تماما في الوقت نفسه منذ الطفولة الأولى، وبالدقة نفسها، والإتقان غير أن مدة السيطرة على اللغتين معا قد تتأخر قليلا عن مدة السيطرة على لغة واحدة، إلا أن تطور الكلام عند الطفل بصورة طبيعية يحتاج إلى مجموعة من العوامل التي يجب أن تتوفر وهي:

أ- سلامة الجهاز العصبي المركزي.

ب- سلامة الجهاز الحركي (العظمي والعضلي).

ج- سلامة السمع، من الولادة.

د- وجود الطفل في بيئة تشجعه على الكلام والتعبير.

هـ- تمتع الطفل بشخصية سليمة من الناحية النفسية.

وإذا أردنا أن نتكلم عن اضطرابات تطور الكلام عند الأطفال فيمكننا أن نعدد بعضها والتي إن وجدت تحتم على الأهل مراجعة الأطباء والمختصين بهذا الخلل:

١- التأتأة بعد سن الخمسة أعوام.

٢- عدم لفظ الطفل بأي كلمة حتى عمر سنة ونصف.

٣- عدم وضوح الكلمات حتى عمر سنة أو سنتين ونصف.

٤- عدم لفظ الطفل الحروف الأولى مع بعض الكلمات ووجود نفحة في الصوت مخالفة لسن الطفل وجنسه.

٥- عدم القدرة على تشكيل جمل صحيحة بعد سن الست سنوات.

٦- عدم استطاعة الطفل ذكر جملة من كلمتين في نهاية السنتين، وجملة من ثلاث كلمات في نهاية الثلاث سنوات.

٧- عدم خروج الأحرف من مخارجها الصحيحة، في أي وقت بعد السنة والنصف من العمر، وشعور الطفل أن كلامه غير طبيعي، وشعوره بالحرج من طريقة كلامه في أي وقت من العمر.

كما رأينا فإن عملية تطور الكلام عند الطفل هي عملية معقدة تداخل في تكوينها وتطورها مجموعة من الأجهزة والأعضاء والعوامل البيئية، وهي عملية تدرجية وتراكمية قد يتخللها بعض الاضطرابات البسيطة أو الاضطرابات الشديدة التي تحتاج إلى معالجة من قبل اختصاصيين في هذا المجال.

لماذا يرفض الأطفال الكلام.

تنتشر هذه الظاهرة بين الأعمال من ٦-٨ سنوات وهي مرحلة دخول المرحلة الابتدائية والمشكلة هنا أن كثيرا من الآباء والأمهات يعتقدون أن

رفض أطفالهم الكلام داخل المدرسة يرجع لأسباب مدرسية، ويبدؤون في التركيز على معرفتها ولكن هذا أمر خاطئ والمشكلة تعود إلى أسباب أسرية ومن أهمها:

١- الطفل مدلّل في أسرته.

٢- الحرية المطلقة في اللعب والنوم والأكل.. الخ.

٣- كل حاجاته تلبى بسرعة ودون نقاش ولا وجود لكلمة لا أبدا.

٤- يحصل ما يحتاج إليه عن طريق الصراخ والبكاء.

طبعا هذا الأمر غير موجود في المدرسة حيث الضوابط والقوانين، مما يجعله يرفض المدرسة، وطالما أنه لا يستطيع ذلك خوفا من العقاب أو السخرية، فإنه يرفض الكلام.

كما أن توقعات الأهل غير الواقعية المتعلقة بالإنجازات الدراسية، تقود الطفل إلى عدم الكلام وبخاصة إذا وجد منافسة داخل الصف.

من يشارك في تربية الطفل

نجد الجواب محصورا في مجموعة من العوامل أهمها.

١- الأسرة.

٢- الروضة.

٣- المدرسة.

٤- الشارع.

٥- الأقرباء والجيران.

٦- النوادي والمساجد.

٧- المجتمع بعاداته وقيمه وقوانينه والدين الذي يدين به المجتمع.

٨- الإعلام (التلفاز، المذياع، الانترنت، الحاسوب).

٩- الطبيعة (المناخ المتغير، الطبيعة الجغرافية، الأشجار، الطيور، البحار والأنهار).

١٠- التقنية والتقدّم الحضاري (التعلّم عن بعد سهولة الاتصال. الانترنت).

أولا – الأسرة

إن أوضاع الأسرة المادية والاجتماعية والثقافية والاقتصادية ونمط التفكير وشخصيته الأب، أو الأم، الابن الأكبر، لكل واحد من هذه لأمور أثر يزيد أو ينقص في مكونات الطفل النفسية.

فإذا كان الأب عصبيا لا بد أن يتأثر الطفل بأبيه أو أنه وجد في أسرة الأم كثيرة الخوف، إن الظروف المحيط بالأسرة ماديا أو ثقافيا أو اجتماعيا له أثر على الحالة النفسية وسنتحدث عنها بشي من التفصيل.

١- طريقة تربية الطفل في الأسرة لها أثر في نفسيته.

أ- الدلال الزائد يجعله مختالا متكبرا، معتدا بنفسه متعاليا. أو يجعل منه إنسانا فاشلا في مواجهة المشاكل أو يجعل منه أنانيا حقودا.

ب- القسوة الزائدة، تجعله حاقدا على كل من حوله ناقما ومكبوتا أو تجعل منه جبانا أو انهزاميا انعزاليا. أو تجعل منه محبطا ومتوترا.

ج- ما بين الدلال والقسوة، هنا لا يدرك أبعاد وخطورة كثير من الأمور فيقع في مواجهات لا يدرك كنهها أو تفسيرا لها.

د- التميز بين الأخوة يؤدي إلى عقد نفسية تصل إلى حد المرض والإحباط الشديد والاستسلام ثم يؤدي استفحاله إلى الضياع النفسي.

٢- طريقة التعامل المادي وتحقيق الرغبات أو عدم تحقيقها للأطفال.

أ- الذي لم تحقق له الرغبات يتأثر سلبا ويوجد له كثيرا من المشكلات النفسية.

ب- الذي تحقق له الرغبات وبإسراف يتأثر سلبا وتوجد عنده مشاكل نفسية.

٣- الأجداد والأعمام والأخوال لهم دور لا يستهان به في الإساءة إلى نفسية الطفل من خلال الدلال الزائد عن الحاجة.

٤- اختلاف فهم الحرية عند الوالدين

أ. الأب الذي يشدد الخناق على طفله ويمنعهُ من الخروج واللعب ويتركه داخل المنزل حرصا على سلامته - يؤدي إلى مشاكل نفسية عند الطفل.

ب. الأب الذي يرخي العنان لطفله فيسمح له باللعب بحرية مطلقة. فهنا يترك الأب لابنه التصرف بجسده وأخلاقه كما تشاء الظروف المحيطة.

إننا من الواجب علينا أن نحافظ على أطفالنا ونبذل قصارى جهدنا لتأمين حاجاته من الفرح، اللعب، الغذاء، الدواء، الكساء، المسكن الصحي، بالإضافة إلى الغذاء العاطفي (الحب).

ثانيا الروضة:

إن أثر الروضة يكاد يقارب أثر الأسرة أحيانا بل قد يفوقه أحيانا وذلك بحسب شخصية المربية وأثرها في الطفل، وكذلك الإدارة ورفاق الطفل في الروضة أو ثقافة الأسرة وإمكاناتها.

إن طفلا لم يعامل معاملة تربوية سليمة يوم دخوله إلى الروضة قد توجد له مشكلة كره الدراسة من بدايتها إلى الجامعة.

الأمور التي تؤثر على الطفل في الروضة

١- شخصية المربية الهادئة الرؤوم.

٢- نمط التوجيه، واختيار القصص، والأناشيد، والرسوم.

٣- دقة الملاحظات والمتابعات لطفله.

٤- التعزيز المستمر والبعد عن إخافة الأطفال.

٥- عدم التمييز بين طفل وآخر.

٦- عدم اختيار الأساليب المناسبة، واستخدام العقاب يؤثر على نفسية الطفل.

٧- مراعاة الفروق الفردية.

الروضة قادرة على منع وقوع الكثير من المشكلات النفسية عند الطفل كما إنها قادرة عندما يكون المشرفون فيها أخصائيين في التربية وعلم النفس على التغلب على مشكلات الأطفال النفسية.

إن معالم شخصية الطفل تتحدد من السنوات الخمس الأولى، وأن حياة الإنسان صافية أو مضطربة تنبع من عهد الطفولة، ومن هنا ينبع اهتمام الأول برياض الأطفال واعتبارها من أهم مراحل التربية لإيجاد أطفال واعين متفوقين.

إن الغرض من الروضة ليس تلقي العلم أو التعليم بمعناه الأكاديمي، وهي ليست جزءا من المدرسة الابتدائية ولا تعدُ لها، بل هي مرحلة تهيئة همها تسهيل نمو الطفل وتفتح شخصيته وشحذ قواه ليكون على استعداد تام لبداية تسلّق السلم التعليمي بداية طيبة، وإذا شئنا التفصيل قلنا أن الغرض من الروضة نفسي تربوي ففي (أمريكا) تقوم الروضة باكتشاف الموهوبين، وتشخيص الضعف العقلي، وتعالج الأمراض النفسية كالخجل والانطواء والعدوانية، كما تعود الأطفال على آداب السلوك والعادات الحسنة.

وبعض الرياض للأطفال تقوم برعاية أطفال الأسرة المفككة وتوفر الجو المناسب لأطفال المدن المحرومين من الملاعب.

إن ساعات العمل في الروضة بالغرض من إنشائها وبمستوى المجتمع الذي تخدمه إما قصيرا وإما طويلا إذا كان يقصد الرعاية.

ولكي تؤدي الروضة غرضها يجب أن تتوفر الشروط التالية في البناء والأدوات.

١- يجب أن يؤدي البناء المقصود منه وأن يسهل تعديله بحسب حاجة الأطفال وطبيعة نشاطهم، فإذا قلت أن جو الروضة هو امتداد لجو

البيت فذلك يعني أن تكون الروضة بيتا وليس مدرسة مقسمة تخضع لنظام صارم.

٢- يجب أن يكون الأثاث والمرافق الصحية ملائمة لسن الأطفال، أي أن ارتفاع المغاسل والمشارب يكون مناسبا لقاماتهم. ويراعي سلامة الطفل في اختيار الأثاث.

٣- يجب أن يتألف البناء من طابق واحد وأن يكون موقعه بعيدا عن طرق السيارات المزدحمة، وفي مكان صحي بعيدا أيضا عن ضجيج المصانع وأماكن اللهو.

٤- يجب أن يتوفر في البناء مكان للنشاط وللألعاب الحرة سواء كان مسقوفا أو غير مسقوف كما يجب أن يكون للروضة حديقة يلعب الأطفال بها ويعبثون برملها ومائها ويفهمون الطبيعة من خلالها.

٥- يشترط بالعاملين في رياض الأطفال اللياقة الصحية والعقلية والطلاقة في التعبير.

٦- أما الإدارة فتكون تابعة للدولة أو مستقلة وتكون المديرة ذات اختصاص نفسي علم نفس أو تربية أو أصول التربية.

٧- ويعتبر سن الرابعة في بلدنا سن القبول في الروضة وعدد الأطفال في الشعبة يتراوح ما بين ١٠-١٥ طفلا.

٨- والأصل توفير المواصلات ذهابا وإيابا مع مرافقة داخل الباص، والبعض يحرص هو على إيصال ابنه إلى الروضة حرصا على سلامة الطفل إذا كانت في الحي نفسه.

٩- الرعاية الصحية متوفرة لتسهيل نمو الأطفال صحيا وتوفير البيئة المثالية له.

١٠- نعود ونركز بأن الروضة تربي وترعى ولا تعلّم بالمعنى الأكاديمي.

إذا أصرت الروضة على ضرورة وجود منهاج أو نشاط فلا بد أن يكون قائما على الأسس التالية:

١- احترام الفروق الفردية بين الأطفال.

٢- احترام رغبات وميول وحاجات الأطفال.

٣- مراعاة مقدار نضج الطفل واستعداده.

٤- أن تكون ألوان النشاط في الروضة متناسبة مع مدارك الأطفال ومنتزعة من بيئة الطفل وحياته اليومية.

٥- تحقيق أغراض الروضة كتسهيل نمو الطفل وتفتح شخصيته، وشحذ قواه.

٦- أن يكون المنهاج متمما لعملية التنشئة الاجتماعية، فيعود الطفل العادات الصحية وآداب السلوك والاعتماد على النفس.

٧- أن تعرّف المنهاج الطفل ببيئته الطبيعية ويساعده على فهمها وتجنب الأخطار.

٨- تسمح بعض المناهج بالتدرب على القراءة والكتابة الحساب وأنا أرى أن مكان ذلك الصف الأول.

ماذا يتعلم الطفل في الروضة

١- اللغة: تنمية لغة الطفل، التعبير الحديث عن نفسه، الحفظ: آيات قرآنية أو أشعار أو أحاديث نبوية.

٢- تعلم العد ومعرفة الأرقام وربطها بالمحسوس.

٣- التعامل الاجتماعي (سلوكيات وآداب).

٤- معرفة البيئة والمهن (الشرطي، الخباز، الطبيب).

٥- التربية الجمالية (تنمية الذوق).

٦- الحيوانات الألفية.

٧- القصص الهادفة.

٨- الأغاني والموسيقى والأناشيد.

ثالثا المدرسة

دور المدرسة الأساسي

١- التعليم المنظم من منهاج مُعد ويحكم العملية التعليمية أنظمة وقوانين.

٢- لا توجد فترات طويلة ليبقى المعلم مع الطفل.

٣- وجود أعداد كبيرة في المدرسة يجعل المعلم يركز على الكم وليس الكيف.

٤- دور المدرسة الكشف عن بعض المشكلات النفسية والاتصال بالأهل لمعالجتها.

٥- أحيانا تسبب المدرسة بعض المشكلات النفسية للطفل عندما يمارس عليه التهديد والعقاب ممن هم أكبر منه سنا وأقوى جسدا.

٦- أحيانا المعلم عندما يميّز بين الأطفال بوجود مشاكل نفسية عند البعض.

مكاسب توصيل ابنك لمدرسته

١- الفرحة في عيون الأبناء والحماس الشديد في النفس، والافتخار بالأهل أمام الأصدقاء.

٢- الاطمئنان النفسي.

٣- تقوية العلاقة مع الأبناء وإتاحة الفرصة للحديث عن أمور مختلفة، كما أنها لحظات تقوي العلاقات الحميمة بين الأبناء والآباء.

٤- تعليم الأطفال مهارات عملية كما تفيد في التقارب والأمن والطمأنينة فهي تكسب الآباء مهارات الصبر والتحمل لإزعاجات الأبناء ومشاكلهم التي يتلمسونها عن قرب ويقومون بحلها فور حدوثها.

٥- استغلال الوقت ومراجعة الدروس وتسميع الآيات القرآنية والأحاديث، وبعض الأشعار فيصلون إلى الصف بروح معنوية عالية.

٦- الانفراد بالطفل والحديث بصراحة بحيث يبوح الطفل بأي مشكلة تواجهه أو تضايقه في المدرسة ويناقش الأب ابنه، وهنا عندما يقوم الأب يتوجه النصيحة يتقبلها الطفل بصدر رحب.

٧- التعرف على المدرسين وزملاء الطفل، ومتابعة أحوال الطفل بصفة شبه يومية مما ينعكس على الآباء إيجابا.

٨- تحديد رفقاء ولدي ونصيحته باتخاذ فلان صديقا لأنه حسن الخلق.

فوائد تكسبها في طريقك للمدرسة مع ولدك.

١- يستيقظ الأطفال بصعوبة أحيانا ولكن توصيلك لهم ومحاولة انشغالهم بالحديث الطيب يفرغ الشحنات السلبية بداخله.

٢- قراءة بعض الآيات القرآنية والأدعية جماعة.

٣- مراجعة الدروس ليوم سابق بشكل مبسط وسريع والتذكير بأهم النقاط قبل الامتحان.

٤- الاطمئنان والأمن الذي تشعر به نتيجة توصيلك لأبنائك الذي ينعكس على الأداء له.

فوائد تكسبها أنت وابنك وأنتما عائدان من المدرسة

١- استقبالك بشوق اللقاء.

٢- معرفتك بتفاصيل يومهم الدراسي ومتابعة علامتهم الدراسية مع المعلم.

٣- حل أية مشاكل قد تحدث أو حديث من بدايتها قبل تفاقمها.

٤- التعرّف على أصدقاء ابنك فتعزز المعرفة أو تبعده عنها.

السرحان والشرود عند الأطفال في المدرسة

إن سرحان الطفل له عدة أسباب

- قد يكون السبب عضويا مثل ضعف البصر، أو السمع أو الألم الذي لا يستطيع أن يعبر عنه - عليك أن تعرض ولدك للطبيب.
- قد تكون المادة صعبة عليه ولا يستطيع فهمها بسهولة.
- قد يكون كرهه للمادة يضطره للهروب في أثناء المذاكرة.
- قد يكون خوفه من المدرّس يدفعه للسرحان والهروب.
- فترة التركيز عند بعض الأطفال محدودة.
- الحصة مملة.
- عدم استخدام أساليب دافعة للانتباه، مما يجعل الطفل في حالة سرحان.

إن زيارة الأهل للمدرسة كفيلة بحل معظم المشكلات وذلك بالتعاون الإيجابي بين الأسرة والمدرسة مع استخدام التعزيز للطفل يسهم ذلك في إثارة الدافعية عنده من جديد.

رابعا: الشارع

المقصود بالشارع: رفاق اللعب، وغيرهم من الأطفال المتواجدين في الشارع وكذلك المارة من الكبار، والسيارات. وأثر الشارع على الطفل لأنه سوف يتأثر ويقلّد ما يراه من السلوكيات التي تمارس.

فالشارع الوجه المكشوف للمجتمع بعاداته وتقاليده وثقافته، وكلما طالت فترة بقاء الطفل في الشارع منفردا كانت الأخطار كبيرة.

إن المجتمع يمجد الشجار ويعتبر المشاكس في مصاف الأبطال، وبخاصة إذا كسر عظم أو هشّم وجهه أحدهم دون أن يصاب بأذى، أو استخدم سكينا حادا، عندما يترك الطفل دون مراقبة ومحاسبة سوف يقلد هذا البطل الصنديد.

إن في الأحياء المكتظة بالسكان لا يكون إلا الشارع متنفسا له، فنحن نجد في المخيمات آلاف الأطفال في الشوارع وبين السيارات يمارسون اللعب فيختلط الطفل الذي يهتم به أهله مع غيره من دون ذلك فتطفو السلبيات على الوجه ويتأثر بها الجميع، فنسمع الشتائم والألفاظ القبيحة غير اللائقة وفي خضم الواقع يجد الطفل نفسه أمام مسرح اجتماعي مليء بالتناقضات فيحتار ثم يختار ثم ينتهي به الأمر إلى الانخراط والتأقلم ليأخذ بالطابع السائد في الحي.

إن دور التوجيه يكون منصبا على أسرة والروضة، حيث تحد الأسرة من خروج الطفل إلى الشارع أو تراقب خروجه وتوجه الطفل إلى ما يجب القيام به أو الابتعاد عنه. أما الروضة فدورها ينحصر في التوجيه والنصح وغرس مبادئ التعامل في الشارع مع الأطفال والمشاة والسيارات والمرافق العامة وعبور الطريق.

أما الدولة والمنظمات الشعبية فينصب عليها واجبات عديدة مثل إنشاء الحدائق والملاعب ليصطحب الأهل وأولادهم وبشكل منظم ومدروس إليها، وكذلك تزويد هذه الحدائق بشتى الألعاب التي يحبها الأطفال.

وكما يجب ترك المدارس مفتوحة ليمارس الأطفال بعض الأشكال الرياضية في باحاتها.ويجب مراقبة المرافق العامة والحفاظ عليها وسلامتها وتأهيلها تأهيلا تربويا تجعلها قادرة على استيعاب الأطفال. ويجب على الإعلام توعية الأهل والأطفال إلى طريقة التعامل مع المرافق العامة وإلى الوقت الذي يجب أن يحدد لها وإلى طريقه إرسال الأطفال إلى تلك المرافق.

خامسا: أثر الأقارب والجيران

كلما كثر تردد الطفل على بيوت الأقارب والجيران، كلما كان للأشخاص في هذه البيوت تدّخل في عملية التربية، فالطفل سوف يتأثر بما

يحيطه به الكبار من تصرفات قد تتناقض مع ما يقوم به الأهل، أو تتداخل معه وأحيانا تتطابق مع ما يريده الأهل لطفلهم.

كما أن الطفل سوف يتأثر وبشكل واضح من الأطفال الموجودين في تلك المنازل سلبا أو إيجابا. وينحصر دور الأهل باختيار المنازل التي فيها أطفال طبيعيون من حيث سلوكهم وجيدون في تربيتهم ليترددوا إليها، ويقللوا أو يبتعدوا عن المنازل التي فيها أطفال مزعجون وما ينطبق على الصغار ينطبق على الكبار.

إن اختيار الطفل لقدوة له ليس بالأمر السهل أو العادي.

فالطفل يقتدي بأولاد جيرانه وخاصة ذوي الشخصيات القوية أو الأذكياء منهم، لا سيما إذا كان هذا الذكاء أو هذه الشخصية القوية تتسم بصفات غير طبيعية ومعقدة.

لذلك على الأهل أن يحسنوا اختيار الأولاد الذين يختلطون بأطفالهم لأن مصير طفلهم قد يتحدد وإلى الأبد بسبب عدوى نفسية معينة.

عندما يشاهد الطفل إن الإصرار والعناد يحقق المطالب، فسوف يصبح معاندا للحصول على رغباته ويكرر ذلك ثم تصبح عادة مستديمة.

سادسا أثر النوادي والمساجد

إن النوادي المهتمة بالأطفال يمكن أن تستوعب شريحة من البراعم الطفولية وتلعب دورا هاما في صقل شخصية الطفل وتكريس جوانب إيجابية من الناحية النفسية، وتبعد الجوانب السلبية في هذه الشخصية.

إن إشراف النوادي يمكن أن يساهم في جعل نفسية الطفل سوية بعيدة عن كل الأخطاء النفسية.

إن إشغال الطفل في أوقات فراغه داخل البيت وخارجه، مهمة تهتم بها النوادي بشكل علمي مدروس حيث تقدّم له التسلية مقرونة مع التربية والتعليم وتشذب له عواطفه وانفعالاته وتكون له نفسية سوية بعيدة عن كل تعقيد أو انحراف.

هدف التربية ليس فقط إعداد الطفل الجيد للحياة من الناحية العلمية ولكن تهدف إلى تنشئة فرد واعٍ مهتمٍ بالكتاب وأشياء أخرى كثيرة، فاجعل هدفك تنمية مختلف جوانب الشخصية لدى ابنك مثل الرياضة أو العمل الخيري.

ممارسة الرياضة

إن المشاركة في الرياضة المنظمة أو الجماعية مفيدة للموهوب رياضيا وغير الموهوب

أيضا بسبب:

١- إذا لم يكن ابنك ذات بنية قوية فيمكن أن تكون الرياضة مجالا للبناء الصحي والسليم للجسم.

٢- إذا كان ابنك ذا بنية قوية ولكنه غير متميز في ممارسة الرياضة، فإن الرياضة المنظمة الجماعية تمنحهُ الفرصة لمقابلة الأطفال فيصبح مجالا للتحدي.

٣- الاشتراك في الرياضات المختلفة المنظمة ينمي في الطفل احترام الذات، وفي ظل التوجه السليم من الكبار يتعلم أن المنافسة ليست فقط مكسبا وخسارة بل هي تنمية للذات.

هل هناك تعارض بين الدراسة والرياضة

١- تأتي الدراسة في المقام الأول ثم الرياضة، لذا عليك أن تنظم مع ابنك أوقات الدراسة والرياضة، وهذا ما نطلق عليه تحديد الأولويات.

٢- أهم درس يجب أن يتعلمهُ ابنك هو ما هي واجباتي؟ وما هي الألعاب؟ وما هـو الوقت المخصص لهذا أو ذاك؟

٣- يحتاج ابنك إلى تعلّم كيفية استغلال الوقت في أثنـاء ذهابـه لممارسـة الرياضـة أو عند انتظاره للمدرب يمكنه قراءة أو سماع كتاب.

٤- إذا أدرك ابنك أنه بسبب ممارسة الرياضة ستفوته بعض الدروس فعلية أن يطلب مسبقا الإذن بالمساعدة من مدرسية وترتيب كيفية تعويض هذه الدروس.

٥- علّم ابنك المهارات التنظيمية، المقصود بها أن يبدأ بالواجبات الصفية أولا، وينجز ما هو مطلوب أولا بأول ويدرس جيدا المادة التـي سـيؤدي امتحانها قبـل وقـت كاف.

الرياضة أقرب للتفوق

بعض الفوائد التي تعود على أبنائنا من ممارسة الرياضة.

١- زيادة سريعة ونمو سري للجسم.

٢- تنشيط العضلات والعظام ونموها بصورة جيدة تحقق للابن الثقة في النفس والاعتزاز.

٣- تخليص الجسم من السموم والأمراض مثل ثاني أكسيد الكربون والتهاب المفاصل.

ومن الطبيعي أن الابن إذا ما أصبح صحيح الجسم قويا لا يعاني من مشاكل في النمو ويتخلص من السموم أولا بأول فمن الطبيعي أن يكون نشيط الذهن والعقل والنفس فليس هناك ما يعوق نشاطه.

الرياضة والصلاة

لقد أثبت الطب أن الصلاة هي الرياضة الوحيدة التي يستفيد منها كامل الجسم بشقيه الأيمن والأيسر على قدم المساواة ولا يختلف اثنان على أنها رياضة روحية يرتاح بها المرء نفسيا مع الارتياح الجسدي وصدق الرسول صلى الله عليه وسلم الذي كان يقول إذا أحزنه أمرا "ارحنا يا بلال".

وثبت بأن الصلاة رياضة لها فوائد عديدة

١- تنشط الدورة الدموية بما فيها من تكرار حركات الركوع والسجود والوقوف والجلوس، خاصة إذا أديت باطمئنان.

٢- تمنح عضلات الظهر والأرجل فرصة للتمدد مما يريحها ويقويها.

٣- وضع الرأس على الأرض له فائدة عظيمة حيث يمكّن الدماغ من تفريغ الشحنات الكهربائية الزائدة فيه.

٤- قوام المصلي يكون معتدلا لأن الصلاة تتحرك فيها كل عضلات ومفاصل الإنسان بتوازن بين الجانبين الأيمن والأيسر.

سابعا: المجتمع

المجتمع الذي يلازم الطفل اينما تحرك، بما فيه من مؤسسات ومرافق وما فيه من سلطات تشرف على كل مجال من مجالات الحياة. وما فيه من قوانين تنظيم شكل العلاقات الاجتماعية، وكذلك الدين في هذا المجتمع، كل هذا له أثر لا يستهان به في خلق نفسية معينة عند الطفل.

إن الانفعال كجانب في الحياة النفسية عند الإنسان فطرة تنتقل بواسطة الوراثة لكن التحكم بالانفعالات والقالب الذي تتخذهُ هذه الانفعالات، وما قد يرافقها من مراسم تكسب الانفعال شكلا ما يختلف باختلاف التربية البيئية.

فالمجتمع يعتبر الإنسان ضعيف الشخصية إذا ما ثار وغضب وشتم وبالمقابل يمدح الصابر والذي يحتمل المواقف الصعبة، كما أن طريقة المجتمع وفهمه لمعنى الشرف ودور المرأة في الحياة يؤثر على نفسية الطفل.

كما أن نظرة المجتمع بأكثرية إلى تطبيق القوانين والقواعد الأخلاقية وعدم مخالفتها ذات أثر كبير في تحديد كثير من المشكلات النفسية.

ثامنا: وسائل الإعلام

أهم هذه الوسائل التلفاز وما يرتبط به من شبكات الصحون اللاقطة والانترنت والفيديو ثم دور مجلات الأطفال ولكن لنركز عليها وعلى الأكثر خطورة فيها.

التلفاز

منه المحلي ومنه الفضائيات ويتعلق الطفل غالبا بأفلام الكرتون، وهنا يتوجب على الأهل الإشراف على الفترات التي يمكن للطفل أن نخصصها من أجل أن يشاهد التلفاز وبخاصة برامج الأطفال والدعايات، وأن يبتعد الطفل عن السهر ويتعود النوم مبكرا ويستيقظ مبكرا ولا يتأثر ببرامج الكبار التي لا فائدة للطفل منها إن لم يكن منها ضرر، أما ما يعرض في التلفاز عن طريق الفضائيات وأفلام الفيديو تكمن فيها المشكلة.

فعلى الأهل تحديد محطة خاصة بالأطفال وأن لا يتركوا الطفل وينسوا وجوده معهم فيشاهد ما يشاهدوه فقد تكون تلك المشاهد خطيرة من الناحية النفسية أو الأخلاقية أو كليهما معا.

بعض الآباء يتركون أبناءَهم يشاهدون أفلام الرعب فهذا يزرع الخوف عند الأطفال وبالتالي يؤدي إلى مراجعة الأطباء النفسانيين وغيرهم.

كما أن الناحية الأخلاقية وما تعرضه بعض القنوات مثير للخجل لذا على الأسرة أن تنتقي المحطات التي يمكن أن يستفيد منها الطفل وأن يتم اختيار الوقت المناسب حيث ينام الطفل مبكرا ليتمكن من الاستيقاظ مبكرا.

تاسعا: الطبيعة وآثارها السلبية أو الإيجابية على التكوين النفسي

إن الطبيعة التي يتواجد فيها الطفل تؤثر تأثيرا واضحا على نفسيته وتفكيره، فالبحر لهُ تأثير يختلف عن الصحراء والبيئة الجبلية لها تأثير مختلف عن البيئة السهلية. والمدينة تختلف عن القرية في المكونات النفسية. والطفل الذي ينشأ في المناطق الباردة، و البيئة المليئة بالزهور يختلف طفلها عن طفل يعيش في بيئة تنتشر فيها الأشواك.

إنما نماذج النبات الطبيعية الرئيسية تؤثر بشكل أو بآخر في نفسية الطفل حيث أن الانفعالات الحب والكره والخوف والضيق والعصبية والانطوائية تتأثر بالبيئة وتؤثر على نفسية الطفل سلبا أو إيجابا.

إن البيئات التي شهدت حروبا أو كوارث طبيعية لا بد أن تؤثر في الأطفال الذين يعيشون في تلك المناطق فتكون لهم مكونات مغايرة ومختلفة حتما من مكونات طفل لم يشهد مثل تلك الأزمات.

إن طفل البيئة الساحلية في أغلب الأحيان لايهاب الماء بل يكون سباقا في مهارات السباحة والغطس وما إلى ذلك من أمور.

عاشرا: التقنية ووسائل الحضارة.

إن التقنية وما رافقها من وسائل حضارية تستخدم في المنزل والشارع والروضة ومنها ما يؤثر إيجابا وهي الأكثر، ومنها ما يؤثر سلبا ولو كانت

مليئة. فالحاسوب والانترنت والألعاب الالكترونية لها فوائد أكثر من أن تحصى حيث تقوم بتقوية شخصية الطفل وتطويرها وإكسابها خبرات تمكن الطفل من مواجهة الحياة بدقة ووضوح وعلمية.

إن المعارف العلمية والثقافية والأدبية التي يتلقاها الطفل بواسطة التقنيات الحديثة تساوي عشرات الأضعاف ما كان يتلقاه الطفل ليس في فترة بعيدة بل في الخمسينيات من هذا القرن.

الطفل الذي يتعامل مع الآلات سيكون أكثر قدرة على الفك والتركيب وعلى التعامل مع الألعاب الالكترونية المتنوعة. كما أنه سيكون أكثر قدرة على الرسم والكتابة وأكثر دراية في التعامل مع المواقف الصحية والاجتماعية والعلمية والفنية والكتابة وغيرها بشكل صحيح وأكثر دراية وقدرة من طفل يعيش في بيئة متخلّفة تفتقر إلى التقنية.

إن الأفلام التي تعرض خلال الانترنت ذات خيال علمي تساهم في تطوير الخيال العلمي عند الطفل إلا أنها تركز على الصراعات والحروب وحبذا لو كان توجيه الأفلام في الخيال العلمي نحو السلام العالمي حتى يتأثر بها الطفل أكثر.

لماذا لا تنطوي كل هذه الأفلام الخاصة بالأطفال تحت ما يسمى بالسلام والمحبة وتقوي علاقة الإنسان بأخيه الإنسان ومساعدة القوي للضعيف

وعطف الغني على الفقير بل غرس المبادئ الإنسانية في طريقة الحصول على المال وغير ذلك من أفكار خيرة تساهم في نشر السلام والحب بين بني البشر وتشذيب النزاعات الحيوانية المتوحشة الموجودة في النفس الإنسانية.

مع الكمبيوتر (الحاسوب)

دخل الحاسوب بقوة في المجال التعليمي بوصفه وسيلة تساعد على تقوية المهارات وتستثير الفضول العقلي للطفل، والمميّز في برامج الكمبيوتر التعليمية أنها راعت اختلاف التلقي بين لأطفال، فقدمت لمن يعتمدون الأسلوب السمعي قصصا يستطيع الطفل قراءتها كما قدمت ألعاب السرعة وأنشطة الرسم والتحكم للأطفال الذين يعتمدون حاسة اللمس، والميزة الرابعة في برامج الحاسوب أنها توفر فرصة التدريب للطفل من خلال التكرار دون حرج كما تجعل التعليم لعبة محببة غير مملة، وموضعنا التالي يقدم عرضا للبرامج الأنسب لكل مرحلة عمرية.

إن الآباء غالبا ما يسألون عن كيفية التعرّف على مدى جودة، وملاءمة برنامج الحاسوب لأبنائهم، ونجيب بأنه يطلب منهم ملاحظة ما يلي:

١- لغة الجسد التي يتعامل بها أطفالهم. فإذا كان لأطفال يحملقون في كل مكان في الغرفة، فهذا يعني عدم اندماجهم مع البرنامج، أما إذا كانت

أعينهم مثبتة على الشاشة وكانوا متحمسين لإتباع تعليمات البرنامج فهذا يعني أن البرنامج جيد.

البرنامج الشهير لا بد أن يتناسب مع عمر الطفل بحيث يقدم أنشطة تنطوي على التحدي ولكنها في الوقت نفسه ليست شديدة الصعوبة لدرجة الإحباط.

٢- أساليب التعليم المختلفة إذا تختلف الأساليب التي يتعلم بها الأطفال، وبرنامج الكمبيوتر الجيد يراعي هذا، فيستثير الأطفال الذين يعتمدون الأسلوب العمري من خلال تقديم المصطلحات الجديدة، باستخدام الصور، ورسوم الكارتون، والفيديو والرسومات، ويقدم للأطفال ذوي الأسلوب السمعي في التعلم القصصي، والإرشادات التي يستطيع التلاميذ قراءتها، أو الاستماع إليها ويقدّم للتلاميذ الذين يتعلمون من خلال حاسة اللمس العديد من ألعاب السرعة والأنشطة التي تتطلب من الأطفال الرسم والتحكّم في الأشياء.

إن فوائد برامج الحاسوب التعليمية إنها تخلّص الأطفال من القلق الذي يمكن أن يكون أسوأ عوائق التعلم، فالطفل في المدرسة يتعرض للعديد من مصادر الضغط الاجتماعي، أما أمام الحاسوب، فبإمكان الطفل أن يجرب وأن يفشل دون أن يراقبه أحد.

فالحاسوب يتيح للأطفال ممارسة المهارات في جو من الخصوصية، وبرامج الحاسوب الجيدة توفر الفرصة للأطفال. لتكرار النشاط عدة مرات حسب الحاجة، كما تعمل برامج الحاسوب على تحويل مهام التعليم الرتيبة إلى ألعاب تضفي على التعلم المتعة، مثل تلك المهارات التي تتطلب أن يمارسها الطفل في المنزل، مثل أصوات الحروف وجداول الضرب، ويفضل الأطفال برامج الحاسوب التي يمكنهم استخدامها مع أصدقائهم، وهناك برامج حديثة، تهتم بأنشطة حل المشكلات، التي يستطيع الطفل أن يتشارك مع أصدقائه في العمل على حلها.

وبينما تنطبق هذه التعميمات على اختيار جميع البرامج التعليمية، فإنه من الأهمية بمكان الإشارة إلى كيفية اختيار برامج الحاسوب التعليمية التي تتناسب مع المرحلة العمرية لطفلك، وتمكّنه من التدريب على المهارات التي يحتاج إليها.

اختيار برامج الحاسوب بحسب عمر الطفل

١- أطفال في مرحلة ما قبل دخول المدرسة.

إن لدى المتعلمين المبتدئين مجال انتباه قصير المدى، ولذا يفضلون الأنشطة البسيطة التي لا تحتوي على العديد من الخطوات. وهي مرحلة ما

قبل المدرسة يتم التركيز على مهارات الاستعداد للقراءة والتدريب على الحروف، والأصوات كذلك، الربط بين الصور والكلمات أو بين الألوان، واستيعاب الأرقام، وإتباع التعليمات الشفوية وينجذب الأطفال في هذه المرحلة إلى البرامج التي تتناول شخصيات تمثلها كائنات حية، ويجب أن تتاح لهم فرصة تحريك الشخصيات، واستنطاق الأحداث بعد الاستماع إلى القصة، لذا فهؤلاء الأطفال تناسبهم الأنشطة البسيطة التي تركز على مهارات القراءة الأولية.

٢- المراحل الدراسية الأولى

أ. المستوى الأول

يستمتع الأطفال في هذه المرحلة بقراءة الكتب ذات الجمل الموزونة مما يساعدهم على القراءة فترة أطول كما يبدأ الأطفال في هذه المرحلة بفهم حقيقة أن المعلومات يمكن تخزينها بعدة طرق مختلفة وينمو استعدادهم للتعامل مع الألعاب التي تدمج عددا من المهارات بما في ذلك مهارات الترتيب واستيعاب المواد السمعية ومن هذه البرامج ما يقدم أنشطة تدريب الأطفال على التذكر وتوصيل الأشكال والألوان والتعرف على الأرقام، ويفضل الأطفال في المستوى الأول الأنشطة ذات النهايات المفتوحة والتي تفسح المجال للإبداع. لذا فإن البرمجيات المعدة لهذه السن لا بد وأن تبدأ

بالتعامل مع المشكلات التي تتعدد طرق حلها. ويفضل الأطفال أيضا التدرب على مهارات القراءة والعلوم والحساب التي يتعلمونها في المدرسة من خلال ألعاب ممتعة.

ب. المستوى الثاني

هؤلاء يتمتعون بقدرات وأساليب تعلّم أكثر تعددا، وتصبح البرمجيات ملائمة لهذه المرحلة عندما تقدم المعلومات من خلال الحوار، النص والشرح، وحين تقدم الأنشطة التي تجمع النص والفن والحركة، بالإضافة إلى مساعدة التلاميذ على التمكّن من المهارات الأكاديمية، فلا بد من إعطائهم الفرص التي تشحذ خيالهم وتلهب لديهم مهارات التفكير الناقد.

ج. المستوى الثالث – السادس.

بوصول الأطفال إلى المستوى الثالث يكون بإمكانهم التفكير المجرد، والتعلّم بصورة أكثر استقلالية، ويستمتع طلبة المستوى الرابع بإطلاق العنان لأفكارهم وتوظيف المهارات التي تعلموها فعلا في اكتساب معارف جديدة، ولذا لا بد من البحث عن البرمجيات التي تختبر قدراتهم المتنامية في توظيف المنطق للوصول إلى الاستنتاجات.

وليتحقق التفاعل بين المواد الدراسية، وبرمجيات الحاسوب التعليمية فلا بد أن تشتمل هذه البرمجيات على كثير من التدريبات الخاصة بالحساب والقراءة والعلوم والجغرافيا وحل المشكلات.

أما الطلبة في المستويين الخامس والسادس فهم أكثر قدرة على متابعة تفاصيل القصة، وتوقع الأحداث التالية فهم يتعلمون ما للحساب من أهمية خارج حجرات الدراسة، وكيفية تطبيق حقائق العلوم في الحياة اليومية، كما أن بإمكانهم قضاء ساعات في دراسة خريطة أو نموذج للكرة الأرضية، وقراءة سيرة أحد المكتشفين العظماء أو الاطلاع على الثقافات الأخرى، وهم جمهور خبير يصعب إسعاده ويناسبه ذلك التنوع من القصص الجادة.

الأطفال والانفعالات

١- الطفل والإعاقة الانفعالية

تمثل الإعاقة الانفعالية شكلا من السلوك الانفعالي غير العادي، والذي يستدعي ويشكل مُلح التربية الخاصة، فالنمو الانفعالي العادي يمر في عدد من المراحل تتناسب مع النمو أو التغيُر الزمني وخاصة في مرحلة الطفولة.

ففي الطفولة الأولى: تتمركز الانفعالات حول الذات كالغضب والخوف ولكن مع الانفعال حالة من التغير المفاجئ يشمل الفرد كله ومن ثم

تتمركز حول موضوع معين سواء أكان سلبيا أو إيجابيا وبالتالي لا يمكن لنا تجاهل أهمية المواقف الانفعالية والعاطفية في حياة الطفل لأنها ستعطي حياته طابعا ومعنى خاصا، مع الإشارة إلى أن هذه الانفعالات قد يصيبها نوع من الاضطراب فتصبح عبئا ثقيلا على كل من الطفل ووالديه وخاصة إذا ما استمر اضطرابها.

والطفل المضطرب انفعاليا هو الطفل الذي يظهر استجابة انفعالية غير متوقعة منه وبطريقة مزمنة بحيث يتطلب ذلك تعليمه أشكال السلوك الاجتماعي المناسب.

ويستطيع الآباء معرفة فيما إذا كان ابنهم يعاني من حالة انفعالية أم لا من خلال مظاهر عدة تصدر عن سلوك الطفل.

ويمكننا أن نحدد نوعين من الاضطرابات الانفعالية

١- البسيط والمتوسط ويمكن معالجته بقليل من التعاون بين الوالدين مع المختصين.

٢- الشديد، وقد يستمر الطفل حتى سن الشباب والرشد.

مظاهر الاضطرابات الانفعالية البسيطة والمتوسطة

١- العناد المستمر.

٢- عدم الطاعة ورفض الأوامر.

٣- إيذاء الآخرين والاعتداء عليهم.

٤- سرعة الغضب.

٥- الغيرة المبالغ فيها.

وهذه المظاهر تتميز بها الطبقات الفقيرة والمتوسطة وتزداد نسبتها لدى الذكور مقارنة مع الإناث وذلك بسبب الأوضاع الاجتماعية السائدة.

مظاهر الاضطرابات الشديدة

١- الأنانية وإثارة الذات باستمرار.

٢- القيام بالحركات جسمية توترية دائما وهي قريبة من الإعاقة الحركية.

عوامل الإعاقة

١- العوامل البيولوجية ومن أسبابها العوامل الجينية، عوامل مرتبطة بما قبل الولادة سوء التغذية، الأمراض التي تصاب بها الأم في أثناء الحمل.

٢- العوامل البيئية (كالأسرة والمدرسة) مثل علاقة الأم بالطفل، وعلاقة الأب بالطفل نمط التربية الأسرية المتبع، الدلال الزائد أو الإهمال المفرط.

هل يتميز الطفل المضطرب انفعاليا بأنماط سلوكية خاصة

نعم هناك ما يميز سلوك الطفل انفعاليا وخاصة إذا ما أدركنا أن الاضطراب الانفعالي يؤثر بطريقة مباشرة أو غير مباشرة على خصائص الشخصية ويمكن التركيز هنا على الخصائص الاجتماعية للطفل المضطرب انفعاليا ومن أهم تلك الخصائص:

١- السلوك الانسحابي: وهذا يعبر عن فشل الطفل في التكيف مع المحيط، ومن مظاهر الانطواء على الذات، الخجل، الحركة الزائدة الشكوى المرضية المستمرة.

٢- السلوك العدواني: يمكن لنا اعتبار السلوك العدواني أهم سمة تميز الطفل المضطرب انفعاليا، ومن مظاهرة العدوان اللفظي، العدوان المادي، إيذاء الذات ويحدث نتيجة الإحباط سواء في المنزل أو المدرسة.

٣- السلوك الفج: وهو سلوك غير ناضج انفعاليا وكثيرا ما لا يتزامن مثل هذا السلوك لدى الطفل المضطرب انفعاليا مع عمره الزمني، ومن مظاهره مبالغة الطفل في التعبير الانفعالي، أو إظهاره تعبيرا انفعاليا مغايرا لطبيعة الموقف الانفعالي.

ما هي الأساليب التي يمكن أن نقدّمها لهذه الفئة

١- توفير مراكز إقامة كاملة تتوافر فيها كل مستلزمات ذوي الحالات الشديدة.

٢- ضرورة توافر مراكز تربية خاصة نهارية يُلحق بها الأطفال ذوي الاضطرابات الانفعالية.

٣- دمج الطلبة ذوي الاضطرابات الانفعالية البسيطة في صفوف خاصة في مدارس الحكومة.

٤- دمج الطلبة ذوي الاضطرابات الانفعالية البسيطة في صف عادي ومدرسة عادية.

٥- توافر المختصين في الطب النفسي والمرشدين النفسيين.

تكوين عواطف وانفعالات سليمة عند الأطفال

إن أغلب المشكلات النفسية تنجم عن عدم العناية بالتكوين الصحيح لهذه العواطف والانفعالات عند الطفل، أو تكوينها أصلا بشكل مغلوط وخاطئ علما أن بعض العقد النفسية التي تتكون عند الطفل في السنة الأولى تكون سببا لظهور أعراض ومظاهر نفسية سلبية، في مرحلة أخرى من العمر وقد تزول بعض هذه الأعراض ليحل مكانها عرض آخر منطلقة من نفس السبب الذي أدى إلى ظهور العرض الأول وقد تتعاقب الأعراض وفق سلسلة متناوبة لهذا، فكان من المهم أن يحاول المربون إبعاد الطفل أصلا عن مسببات هذه العقد النفسية الدائمة.

وسنتطرق إلى بحث الانفعالات النفسية عند الطفل في مرحلة الطفولة المبكرة وكيفية التعامل معه وذلك من أجل تكوين انفعالي سوي وسليم عند الطفل يبعده عن العقد التي تنجم عن ارتطام انفعالات الطفل بانفعالات الكبار من جهة، ويؤهله لمجابهة الواقع في الحياة الاجتماعية بكل جوانبها بشكل صحيح خال من الأخطار التي تصل إلى حد تهديد حياة الإنسان أو مصيره أو مستقبله من جهة أخرى.

وأهم هذه الانفعالات والعواطف (الحب، البكاء، الغضب، الخوف، الفرح، الكره والحقد، الحزن، الغيرة، التوائم، الألم).

١- انفعال الحب

يرتبط انفعال الحب بالعديد من الحاجات الإنسانية عند الطفل، فالطفل يجب أن يلبى له حاجات الطعام والشراب، اللباس، التسلية، الحنان، كما يحتاج إلى جو اجتماعي لتكون حياته طبيعية، فالأم هي الإنسان الأول الذي يقدّم للطفل جميع أمور الحب مجتمعة لذلك يحب الطفل أمه ثم أباه.

وفي مجال الحب كعاطفة وانفعال لا بد من التوجيه في البيت والروضة بأن يكون الحب معللا ومعقولا، وأن لا يكون إلى حد التعلّق الشديد، ويجب معالجة تعلّق الطفل بالأشخاص أو الأشياء أولا بأول. وأبسط طريقة يمكن

استخدامها هي تهيئة الطفل من الأشياء أو الأشخاص الذي يتعلّق بهم إلى شيء أو شخص أو لعبة علما بأن الطفل في حياته وتحديدا من السنتين إلى ثلاث سنوات يكون شديد التعلّق بالأشياء التي لا يعرفها فهو لا يحب التغيير والاستبدال، فهو يجب أن يسمع القصة نفسها ويحب أن يلبس الملابس نفسها ويريد أن يتعامل مع الأشخاص أنفسهم.

وفي حال تبدل المربيات يفاجأ الأهل خاصة في الروضة بولدهم وكأنها فاجعة ما بعدها فاجعة وبخاصة إذا أحب المربية.

الطفل لا يعرف أنه يجب أن يصطدم بواقع الحياة المتبدلة حيث أن كل لقاء لا بد أن يعقبه فراق وأن الفرح لا يدوم وأن الحزن كذلك لا يدوم.

وما ينطبق على المربية ينطبق على زملاء الطفل في الروضة، فمن الأفضل تنقل الطفل من زميل لآخر في مقعد الدراسة ولا ننساق وراء عواطفه وإنما يتم الأمر بالحوار الهادئ وإيجاد البدائل التي تهدئ نفسه.

وفي مجال عاطفة الطفل في سنتيه الأولى لا بد من قيام الأهل في تثبيت القيم التي يجب أن يحبها الطفل والعادات الحميدة والأشخاص (كالرسل والصالحين، والأصدقاء والمسلمين) وأن يكون الحب معللا بشيء من المعقولية، حتى إذا ما كبر الطفل استطاع أن يحاكم الأمور فلا ينساق خلف أهوائه أو تضليل الآخرين.

إن حب الأطفال وكرههم لأنواع الطعام دون مبرر موضوعي أمر ضار بالطفل مستقبلا وقد يستمر معه بشكل دائم وكذلك حبه لأنواع من الطعام قد تكون خالية من الفائدة ومليئة بالضرر. لذلك لا بد من تدخّل الأهل وغرس الحب الصحيح لأنواع الأطعمة أو المساهمة في جعل الطفل يحبها وبخاصة المفيدة فيها.

إن الكثير من الأهل يغدقون في الحب لأطفالهم إلى حد إيذاء أطفالهم وذلك بتقديم على ما يريد الطفل تعبيرا عن حبهم له فتتاح له حرية التصرّف والخروج من البيت دون قيد والأهل تحت جناح حبهم له لا يدركون أخطار ذلك مستقبلا.

ونرى بعض الآباء يقسون على أولادهم ويبخلون عليهم حتى بلمسة حنان أو قبلة على الجبين. فلا هؤلاء على حق ولا أولئك، فالحب يجب أن يعطى بمقدار وفي الوقت المناسب إنه كالغذاء بل هو غذاء للروح، كما أن الإكثار من الغذاء مضر للجسم كذلك الحب.

والبعض من الأهالي يتركون الطفل يتعلّم الحب دون متابعة أو توجيه، فنراه ينساق في حبه لصديق أو جار ليقع في كثير من الأخطاء، ويتعلق بحيوان أو نوع من النباتات بشكل كبير، أو عكس ذلك نراه ولا

يرفق بالحيوان ويؤذي النباتات، وفي كلتا الحالتين أخطار تهدد الفرد والمجتمع.

وفي مجال تمسك بالقيم والأخلاق أن على الطفل أن يدرك بأن هناك أشخاص يمثلون العدالة والقضاء على الفساد وهو لا يختص بذلك إذا قلّدهم إنما عليه أن يساعدهم يحترمهم، إذا لا بد من توضيح دور كل جهة في المجتمع في تطبيق القيم ودور الفرد اتجاه نفسه واتجاه الآخرين، وتعويد الطفل أن يعلل منطقيا سبب تعلّقه بشيء دون آخر وأن لا تكون عاطفة عمياء.

وكم من مشكلات عائلية سببها عدم الفهم الصحيح لمعنى الحب والاندفاع وراء نزوات يعتقد الشاب والفتاة أنها الحب.

ومن المشكلات الاجتماعية الاندفاع وراء حب صديق دون تحكيم العقل في علاقة الصداقة تلك، فنجد إنسانا يثق بآخر دون تعقل فيقع في متاهات يصعب الخروج منها.

يجب على الأسرة أن توائم بين عاطفة الإنسان الفطرية وبين المنطق والعقل، وأن يدّرب الطفل على تكوين الفكر النقدي في هذا المجال.

إن المثل الأعلى أو القدوة من الأهل يجب أن يكوّنوا لدى الطفل فكرة معقولة عن الحب ضمن المعقول.

٢- البكاء عند الطفل

المولود إذا لم يبكي كان ذلك من دواعي الخوف على حياته والبكاء بشكله الطبيعي له وظائف إيجابية وخاصة قبل تعلّم الطفل للّغة، فكثير من حاجات الطفل وآلامه لا يمكن للكبار من حوله معرفتها لولا ظاهرة البكاء تلك.

فالطفل عندما يجوع يبكي، أو يتألم من مغص في المعدة أو الأذن أو يريد إخراج الفضلات من جسمه فيبكي.

ففي بداية الشهر الثالث يبدأ يخاف من كل شيء غريب ويبكي لرؤيتهم، وهذا مرتبط بنمط التعامل الاجتماعي للأسرة، فإذا ما كانت الأسرة اجتماعية بشكل ملحوظ كانت ظاهرة الخوف من الغرباء صعبة.

أما الخوف من الحيوانات فيكون بحسب المفاهيم التي اكتسبها الطفل من البيئة مضافا إليها خبرة الطفل الخاصة إيجابا أو سلبا.

والخوف دافع للبكاء سواء من النار والسيارات أو الظلام أو المجهول ففي كل مواقف الخوف يبكي الطفل ليعبر عن انفعال الخوف الذي يمر به، وأحيانا يبكي الطفل لاقتراب موعد النوم وهذا يعرفه الوالدان عن طفلهما.

وفي الفترة ما بين الثالثة والسادسة (مرحلة الروضة) يكون بكاء الطفل لعدة أسباب منها:

١- إحساس بالألم لسبب عضوي أو سبب خارجي، البكاء يسبب (المرض).

٢- يبكي بسبب الجوع إذا كانت هناك ظروف تمنع تقديم الطعام له.

٣- يبكي عندما يعاقب ويكون البكاء متناسبا من حيث الشدة مع نوع العقاب ودرجته.

٤- يبكي بسبب حرمانه من بعض المزايا التي تعوّد الحصول عليها في ظروف معينة.

٥- يبكي عند ابتعاده عن الأسرة أو عندما يترك وحيدا في المنزل.

٦- يبكي عندما يتعدى أحد على ممتلكاته من ألعاب وأدوات وأطعمة.

٧- يبكي إذا رأى شخصا عزيزا عليه يتألم أو يعاني من مرض أو يبكي.

٨- يبكي عند فقدانه شيء يحبه، ويكون البكاء شديدا.

٩- يبكي إذا شعر بالغبن وعدم التقدير أو التمييز بينه وبين الأطفال.

١٠- يبكي عندما لا تحقق له رغبات يشعر بأنها ضرورية له ومن حقه الحصول عليها.

١١- يبكي في نومه بسبب حلم مخيف حلم به.

١٢- يبكي إذا لم يعجبه الطعام ولم يتأقلم مع المحيط به.

١٣- يبكي إذا اعتدي عليه من قبل أحد الأطفال أو حصل له تهديد ما.

١٤- يبكي إذا أضاع نقودا أو أدوات.

١٥- يبكي لسقوطه على الأرض أو رؤية أخيه أو عدم أخذه المصروف اليومي.

ومن البكاء ما هو مفيد حيث ينبه الكبار إلى ضرورة التعرّف على معاناة أو حاجات أو رغبات الطفل، ويعتبر بكاء الطفل منبها إيجابيا يقدم خدمة للطفل وللأهل والمربين.

كما أن البكاء يكون أيضا في كثير من تلك الحالات صمام أمان يفرغ جزءا من شحنات الغضب أو الحزن أو الألم أو الغيرة أو الحقد يغسل القلب كما يغسل العين.

فيرتاح الطفل بعد تفريغه لتلك الشحنة وهذا هو الجانب الإيجابي لبكاء الطفل أمّا الجانب السلبي: فهو بكاء الطفل دون وجود داع للبكاء حيث تستمر حالة ما قبل الكلام عند الطفل فيستخدم وسيلة البكاء بدلا من استخدام اللغة التي صار لديه خبرة كافية فيها ليعبر بواسطتها عن رغباته وحاجاته وآلامه.

وهنا يأتي دور المربين في البيت والروضة لتوجيه الطفل للتعبير عن آلامه ورغباته بالكلام وليس بالبكاء. وقد لا يجدي التوجيه نفعا وبخاصة بعد استفحال هذه العادة، وهنا لا بد من استخدام أكثر من وسيلة لإقناعه بأن ما يفعله ليس بالأمر المفيد والصحيح وأول وسيلة هي أن نشعره بأن بكاءه لن يجدي نفعا وأنه من الأفضل لو طلب بلغة الكلام وليس بلغة البكاء ما يريد أن يقوله لنا.

وهنا لا بد من بذلك مجهود إضافي من قبل المربي يتناسب كما وكيفا مع شدة البكاء وطول فترة من طفل لآخر بحسب ما اعتاد عليه في أسرته.

ويضاف إلى هذا الجهد المبذول بعض أشكال الترغيب من مدح وثناء أو مكافآت معنوية أو مادية يتدرّج بها المربي إلى أن يصل بالطفل إلى الشكل الطبيعي.

وعلى المربي أن يتذكر أن السبب الذي يجعل الطفل يبكي بكاء شديدا قد لا يكون طفلا آخر وهذا يعود إلى تكوين الطفل العاطفي والنفسي والعصبي الموروث من جهة ولما اكتسبه من عادات في معالجة مواقف البكاء في أسرته من جهة أخرى.

وفي حالات نادرة وجدت أن المكافآت المادية لا تجدي وخاصة عند الأطفال الذين يغدق الأهل عليهم بالعطاءات، عندها يمكن استخدام المكافآت المعنوية وأسلوب المقارنة والمنافسة. مثل: انظر كيف أني أحب رفيقك فلانا لأنه لا يبكي.

إن خطورة البكاء اللامتناسب مع الظرف الذي يمر به الطفل تكمن في كون الطفل قد يصاب بأذى نتيجة مسايرة الأهل له، وعن عدم جدوى وسائل التوجيه والترغيب لابد من استخدام وسائل الحزم مع الطفل من قبل الأسرة في البيت أو المربين في الروضة.

ولا بد من الحزم من أجل إبعاد الطفل عن هذه العادة التي اكتسبها الطفل من أسرته التي كافأته كلما بكى فوجدها وسيلة سهلة للوصول إلى رغباته وحاجته وحاجاته.

واجب الأسرة اتجاه الطفل إذا بكى

١- واجب الأسرة تقديم له الغذاء في الأوقات المحددة وبالكميات المناسبة ومدروسة.

٢- ابتعاد الأم عن تناول الأطعمة التي تسبب آلاما للطفل إن كانت مرضعة.

٣- أن لا تتعرض للبرد حيث أن حليبها سيسبب ألما للطفل وإن كانت في حالة نفسية سيئة لا داعي لإرضاع الطفل.

٤- تأمين اللباس المناسب للطفل حيث يحميه من البرد والحر.

٥- تأمين العلاج للطفل عندما يمرض بمرضٍ (هضمي أو جلدي أو تنفسي).

٦- تأمين مناخ مناسب من حيث الحرارة والتهوية إضافة إلى الفراش المريح له.

٧- إبعاد كل ما يسبب له البكاء.

وإذا بكى الطفل بعد ذلك لا بد من معالجة المواقف التي يبكي الطفل فيها أولا بأول، التعاون مع طبيب الأسرة للتأكد من أن الطفل لا يعاني من مشكلة صحية. إن عدم ترسيخ عادة البكاء عند الطفل لتكون وسيلة

للحصول على مكاسب معينة ضرورة، فعادة حمل الطفل كلما بكى تعتبر من أسوأ العادات المؤدية إلى شطط الأطفال في البكاء أو وضعه في الأرجوحة كلما بكى أو وضع زجاجة الحليب في فمه كلما بكى تسبب ضررا للطفل. ربما يكون هز الطفل في وقت نومه المحدد أمر فيه بعض الفائدة، لكن أن يعوّد على الهز دائما فإن لذلك آثار سلبية.

إن تعامل الطفل مع المواقف بموضوعية أمر ضروري لبناء شخصيته السليمة السوية والقادرة على خوض معارك الحياة في خضم التسارع المعرفي والتضخم وتزايد السكان وتناقص الموارد والتغيرات المفاجئة والمتسارعة على كافة الأصعدة الأخلاقية أو الاجتماعية.

إن البكاء والشكوى لا يجدينا نفعا عندما يصبح الطفل رجلا وبخاصة في مجتمع اليوم الذي غاب عنه التماسك الاجتماعي والتعاون الأسري والتعاطف والمبادئ الإنسانية.

أسباب البكاء عند الأطفال بشكل عام

١- أسباب عضوية كآلام البطن، المغص، الإسهال، الإمساك، الجوع، عدم انتظام مواعيد النوم أو الأكل.

٢- أسباب نفسية كالضيق، الملل، الإحساس بفقد الأب أو شدة التعلّق بأحد الوالدين وبخاصة الأم.

٣- توقع عقاب شديد على الطفل سواء بالإهانة المستمرة أو بالتوبيخ تنصح الأم أن تتماسك جيدا وتتحلى بالصبر وأن تعلم أن هناك ١٠% من مجموع الأطفال يولدون ولديهم سلوكيات غير طبيعية (هذا إذا اعتبرنا أن البكاء الزائد غير طبيعي) وكذلك يجب تشجيع الطفل ماديا ومعنويا إذا تخلى عن البكاء لمدة معينة ويجب عن الأم أيضا وقبل كل شيء التشخيص الدقيق لمعرفة الأسباب الحقيقية للبكاء وعدم إتاحة المجال للطفل بأن يقوم بتحقيق غاياته عن طريق البكاء.

٣- الغضب عند الطفل

الغضب: انفعال يمر به الإنسان مرات عديدة في اليوم برغم تفاوت شدته عند الناس كل حسب ظروفه وحياته وتكوينه العصبي.

ليس الغضب إلا رد فعل على مؤثر، وكلما كان المؤثر قويا شديدا زادت شدة الغضب، إضافة إلى العوامل المساعدة من ظروف مرافقة وصولا إلى شخصية الإنسان الذي تلقى المؤثر.

إذا تعمدنا إثارة شخص ما بتصرف يثير الغضب، فقد يكون رد فعل هذا الشخص ببسمة بينما يكون رد فعل شخص أخر بتوعد، أو شجار، وبين هذا وذاك عشرات الأنماط من ردود الأفعال، مثيرنا الذي تقصدانه، قد يكون رد فعله في وقت آخر، أو عند وجوده أمام أشخاص آخرين، شيئا آخر غير البسمة وذلك حسب حالته النفسية.

إن الفروق الفردية موجودة منذ الأزل وهذا الفروق تتناقض وتتقارب كلما كانت هناك تربية انفعالية موحدة تنطلق من أرضية ثقافية واحدة في البيت والمؤسسات الاجتماعية.

ويعتبر الانفعال عن الغضب من أهم الانفعالات السلبية عند الإنسان وبشكل عام عند الأطفال بشكل خاص، كما أن الغضب وما ينجم عنه من عدوان مشكلة اجتماعية تؤثر سلبيا على كافة الأصعدة الاقتصادية والاجتماعية والفكرية.

والغضب يكون سببا أو مسببا لانفعالات أخرى (الخوف، الحزن، الحقد، الغيرة) وبرغم اختلاف أعراض هذه الانفعالات واختلاف شكل النشاط الإنساني فيها. حيث أن بعضها انفعال هادئ دفين كالخوف والحقد، وبعضها أكثر اندفاعا إلى خارج النفس كالخوف والألم والغيرة، ولكن الغضب أشدها ظهورا على المظهر الخارجي للإنسان.

علاقة الغضب بعصبية المزاج

هناك جانبين للعصبية:

أ- جانب وراثي لن نتطرق إليه لأنه يندرج تحت اختصاص أطباء العصبية وعلم الوراثة والجينات.

ب- الجانب المكتسب الذي يتأثر بالبيئة من طبيعة ومناخ ومجتمع بما فيه من عادات وتقاليد وثقافة ودين.

إن مفهوم النزق العامي (سريع الغضب) يبدأ عند الطفل عندما يتعارض الواقع مع حاجاته ورغباته، وتكرار حالات التعارض هذا يؤدي شيئا فشيئا إلى تثبيت عادة النزق عن الطفل كما أن هناك خطأ شائعا عن الكثيرين من الأهل وهو تحدي الطفل ولو على سبيل المزاح ومداعبة الطفل في تصرفات وكلام يؤدي إلى الغضب.

إن للبيئة أثرا كبيرا في عصبية المزاج، فابن المنطقة الحارة يكون أكثر عصبية من ابن المنطقة البادرة، وابن المنطقة الوعرة والجبلية يكون أكثر عصبية من ابن المنطقة الساحلية والسهلية.

كما أن الحشرات الصغيرة لها أثرها على الطفل في إزعاجه وجعله أكثر عصبية.

كذلك بعض المهن لها أثر في عصبية المزاج وسرعة الغضب، فالذي يعمل في مقالع الأحجار أو يقود سيارة نقل حجر مختلف عن الفنان أو الرسام، كما أن العسكري يختلف عن الطبيب.

حتى أن الطعام يمكن أن يكون له أثر في التوتر العصبي أو الهدوء النفسي فالمنبهات والتوابل والحوامض تجعل الأعصاب متحفزة مهيأة للتوتر بينما الحليب واللبن والخس والخيار والتمر تؤدي إلى هدوء الأعصاب.

كما أن الضجيج والصخب لهما أثر كبير في الانفعالات العصبية مما يجعل الإنسان سريع الغضب.

والأخبار السياسية والتلفاز بأخباره المتناقضة مثار للغضب وفقدان الأعصاب إن أهم المؤثرات المكتسبة التي تجعل الإنسان عصبيا هي العادات والتقاليد ففي بعض المجتمعات تحتقر العصبي ونرى الناس يتبارون في الصبر والحلم.

وبعض المجتمعات تمجد الغضب والإنسان العصبي ويعتبرونه مظهرا من مظاهر الرجولة. ففي مجال الغضب كفطرة إنسانية يمكن أن يغرس المجتمع والأهل والمربون كره العدوان واحتقاره، والأمثلة كثيرة في حاضر الإنسانية وتاريخها تلك التي تؤكد أن شعوبا وجماعات إنسانية أحبت السلم والإخاء وكرهت النزاعات والعدوان.

وما أحوج الإنسانية اليوم أكثر مما مضى إلى المحبة والسلام والابتعاد عن العدوان ونبذه واحتقاره وخاصة بعد أن صار ممكنا عبر وسائل الإعلام المتنوعة والتي جعلت العالم قرية صغيرة أن تنقل الأفكار التي نريد إلى جميع أنحاء العالم.

فلو كان هناك عمل جماعي تقوم الأمم المتحدة وكل وسائل الأعلام، وما يساهم به رجال الفكر المبدعون لتمكنا من الوصول إلى عالم السلام لكن بشرط إعادة الحقوق لأصحابها، فلا يمكن أن يكون سلام بين ظالم ومظلوم قاهر ومقهور.

إن الفعل العدواني إمّا أن يكون الرد عليه بالعدوان وهنا تكون الخسارة أو بالسكوت أو بالتريث، أو تأجيل الرد عليه أو تجاوزه وفي كل هذه الحالات تعاني كل الأطراف صراعا نفسيا قد تصل معاناة الأطراف المشاركة في الأعمال العدوانية إلى حد المرض النفسي.

متى يغضب الطفل (أسباب الغضب عند الأطفال)

١- الغضب الغرائزي (حيث يغضب لعدم إطعامه (الجوع، العطش، الألم، الحر، البرد).

٢- يغضب إذ لم يُبعد عن كل مسبب للألم.

٣- حب التملك عند الأطفال ونزع هذه الخاصية تثير الغضب عنده.

٤- التوتر النفسي.

٥- مرحلة المراهقة (تغيرت تطرأ على جسم الإنسان تثير الغضب).

٦- الحرمان واللامبالاة والإهمال مسببات خفية للغضب.

٧- الإساءة في معاملة الأطفال وعدم تأمين احتياجاتهم تؤدي إلى العصبية والنزق.

٨- الظروف المحيطة وتوترات الأسرة والأساليب التربوية المتبعة تثير الغضب.

٩- تقليد الطفل لأهله وبخاصة أنه يأخذ أحد الأفراد قدرة له وبالتالي يؤدي ذلك إلى خروجه إلى واقع الغضب.

١٠- الخلاف بين الزوجين (الجو العام في البيت) طريقة التفاهم وحل المشكلات.

١١- الصراع المستمر بين الأخوة (الأشقاء) في المنزل والإزعاج (صراخ، بكاء، ضرب، غضب).

١٢- مشاهدة أفلام العنف والرعب يؤثران على الطفل ويجعلانه أكثر عصبية وحاد المزاج.

١٣- عدم وجود ثقافة اجتماعية أخلاقية تنفر الأطفال من فكرة العدوان وتحببهم باللطف والمحبة والسلام بل العكس هو الحاصل.

١٤- ظلم العالم (التفرقة العنصرية) وتمجيد العدوان والقوة والتباهي بهما يجعل الآباء في مزاج عصبي مما يتأثر به الأطفال تلقائيا.

١٥- ضيق السكن وصعوبة الحياة وكثر متطلباتها والغلاء والتضييق على الناس مثار للتوتر والعصبية ويتأثر به الطفل من الآباء.

١٦- تعرض الطفل للاعتداء من قبل أصدقائه وزملائه مثار للغضب والعصبية.

سبل العلاج لمسببات الغضب

والعلاج هنا يكون أكثر ضرورة للأطفال الذين هيأتهم ظروفهم الوراثية أن يكونوا أكثر تعرضا للإثارة والعصبية.

١- دور الأسرة في المتابعة المستمرة، من نصح وتوجيه عن فوائد التسامح وأضرار العدوان والغضب والمراقبة المستمرة للتصرفات والسلوك الذي يظهرهُ الطفل، وهنا لا بد من استخدام التعزيز والمكافأة التشجيع عن التصرفات الصحيحة وفي الطرف المقابل لا بد من استخدام اللوم والعتاب وإظهار عدم الرضا عن التصرفات السلبية.

ومن الأمور المفيدة جدا امتصاص طاقات الطفل الجسدية عن طرق التصعيد وذلك يجعله يتعلق بالدين، صلاة وتلاوة القرآن، أو ممارسة بعض الهوايات الإيجابية إضافة إلى الهوايات العلمية كالتعامل مع الكومبيوتر.

٢- دور الأندية والمؤسسات المساندة مما لها أثر في تفريغ طاقات الطفل وتهدئة اندفاعاته من جهة وإشغال أوقاته بما يفيد جسده وعقله.

٣- حجب الأفلام العنيفة عند الطفل وتوجيه الأعلام نحوه برامج بنائية.

٤- دور المساجد ودور القرآن في تربية الأطفال التربية الإسلامية.

٥- حل مشاكل الأزواج بعيدا عن الأطفال.

٦- إفراغ وقت من الأبوين للأطفال والاستماع إليهم.

٧- النصح والإرشاد المستمر للأطفال.

٨- إن للعيوب الجسدية أثرا كبيرا وخاصة في المجتمع الذي يقسو على ذوي العاهات بنظرة متعالية أو مزدرية أو مشفقة مما يجعلهم يشعروا بضرورة عزل أنفسهم (الانطواء) أو العدوان أو الانحرافات كالكذب والسرقة لذا من الضروري الحرص على التعامل مع هذه الفئة باحترام وإجلال.

٩- المحافظة على مشاعر الأطفال وعدم المزاح الثقيل معهم وعدم إطلاق الألقاب أو الاعتداء على أجسادهم بالضرب والإهانة.

نلاحظ أن التنفيس عن الغضب غالبا ما يكون بالعدوان على الآخرين أو العض وإيذاء النفس وعلى الأهل في هذه الحالة أن يقوموا بما يلي:

١- عدم إفساح المجال أصلا لحدوث الغضب عند الطفل قدر الإمكان.

٢- إبعاد الوسائل والأدوات التي يمكن للطفل أن يستخدمها في عدوانه.

٣- معالجة الموقف بهدوء بعيدا عن ردود أفعال عصبية مشابهة لانفعال الطفل كي لا يتأجج الموقف ويكون ردة الفعل ثورة جديدة أو كبت جديد.

٤- إتباع الموقف بالنصائح المرتبطة بالقيم والدين والقصص والأمثلة والقدوة الحسنة والتركيز على الأحاديث النبوية التي تحدثت عن الغضب ونتائجه والتحدث عما قاله الـلـه تعالى في كتابه الكريم حول الغضب.

القدوة الحسنة تعتبر أهم الوسائل قاطبة في إقناع الطفل قناعة ذاتية ومنطقية من داخل النفس وليست قادمة إليها من خارجها وتفريغ الطاقات

الفائضة عند الطفل في مجالات نافعة أو غير ضارة يساهم مساهمة فعالة في إبعاد الطفل عن الغضب والأعمال العدوانية.

الطفل العدواني

أسبابه (الضرب والإهانة والمعاملة السيئة التي يتلقاها الطفل من قبل أهله وبخاصة الأب.

علاجه: عدم الضغط على الطفل، بل الوقوف بجانبه ومراعاة مشاعره ويجب منحه الثقة بنفسه وإبراز دورة في الأسرة ليشعر بأهميته.

٤- الخوف عند الطفل

الخوف: انفعال هام له دور كبير في حياة الإنسان حيث نجد إثارة أينما اتجهنا وللخوف دور إيجابي حيث يشكل رادعا للإنسان ويبعده عن إيذاء نفسه أو إيذائه للغير أو إيذاء الغير له إنسان كان أو حيوانا أو مجهولا.

فلولا الخوف لتعامل الإنسان مع الأخطار دون حذر ولكن الناتج أضعافا مضاعفة من الأخطار.

فلولا خوف الإنسان من الكهرباء والمواد السامة والمحرقة لتضاعفت الحوادث وكذلك الخوف من السجن والعقاب القانوني والخوف من الخالق ومن عقابه جعل للإنسان رادعا من التمادي في الباطل.

إذا الخوف يتناسب مع رد الفعل المؤثر تناسبا منطقيا وقد يختلف الناس في تقييم هذا التناسب والحكم عليه بحسب ثقافاتهم وانتماءاتهم ونظرتهم الأخلاقية والدينية وحسب خبراتهم الذاتية والبيئية التي عاشوا فيها.

أما عن آثار الخوف السلبية فهي أكثر من أن تحصر. حيث يسبب الخوف كثيرا من العقد والأمراض النفسية والتي قد تصل إلى حد الجنون وفقدان العقل في بعض الأحيان، كما يسبب خسارات مادية كثيرة، حيث يحجم كثير من الناس (بسبب خوفهم) من التعامل مع كل ما يمكن أن يخيف وأحيانا مع أمور لا تخيف إلا الجبناء فتراهم يستعينون بغيرهم إن كان بالأجرة أو مقابل خدمات أخرى ليقوموا بدلا منهم بأعمال ابتعدوا عن القيام بها نتيجة خوفهم منها، وقد يكون الخوف سببا في ترك سفر أو عمل أو سكن أو كثير من الأمور المهمة في حياة الإنسان تخوفا من أشياء لا تسبب أي أذى في الواقع كتوهم العفاريت والخوف من بعض الحشرات والتي هي في الواقع لا يمكنها أن تضر بالإنسان أو أن تكون خطرا عليه (كالفئران والصراصير..الخ).

ويكون الخوف الاجتماعي (الخجل) سببا للكثير من الخسارات الإنسانية مادية كانت أم معنوية.

هل الخوف فطري عند الإنسان أم مكتسب:

يولد الطفل وعملية الإدراك عنده محدودة جدا بل نستطيع أن نقول أنها شبه معدومة وكل ما يقوم به من تصرفات تحركها العزيزة فقط. ثم تبدأ عملية الإدراك والتعقل بالتكوين التدريجي يوما بعد يوم حين يبدأ بالتعرّف على الأشخاص عن طريق حاسة البصر، وعلى الأصوات عن طريق حاسة السمع وهذا ينحسب على بقية الحواس.

أما في مجال الخوف

فهو يخاف من الصراخ في وجهه أولا ثم يبدأ بالخوف من الغرباء وهذا يبدأ عنده بعد الشهر الثالث وعند بعض الأطفال من الشهر السادس. وهنا يلعب وضع الأسرة الاجتماعي من حيث العزلة أو التفاعل الاجتماعي دورا كبيرا في الموضوع، حيث يكون الطفل الموجود في أسرة منعزلة أكثر خوفا من الغرباء بينما على العكس عن ذلك يكون الطفل في الأسرة المتفاعلة اجتماعيا مع الآخرين أقل خوفا وأكثر سرعة في التأقلم مع الغرباء.

ثم تبدأ أشكال أخرى من الخوف بالظهور لدى الطفل تبعا لتجاربه الخاصة، فهو يخاف من المدفأة إذا كانت له تجربة مؤلمة معها، ومع نمو مدركات الطفل العقلية وتطوّر خياله يصبح للخوف منحى آخر عند الطفل حيث لا يقتصر خوفه من الأمور التي له تجربة قاسية أو مؤلمة معها، بل

تدخل أمور أخرى خيالية أحيانا على انفعال الخوف عند الطفل، إن الطفل الذي لم يتم السنة الأولى من عمره قد لا يخاف الأفعى وكذلك النهر فهو لم يخضع لتجربة معها حتى يخاف منها.

ثم تبدأ التجربة الذاتية للطفل مضافا إليها توجيه الأسرة وحديثها وما يقوم به أفراد الأسرة أما وأبا وأخوة من مواقف المجتمع ممثلا بالجيران والحي والأماكن التي يتردد إليها الطفل، ويجب أن لا نستهين بدور وسائل الأعلام في غرس أفكار الخوف أو نزعها وذلك بحسب ما يختاره الأهل من برامج تتناسب وسن الطفل، وكل هذا يكون لدى الطفل تجربة ذاتية تتفاعل مع مكونات هذا الطفل الفردية الموروثة في جهازه العصي لينجم عن ذلك ناتج خاص يميّز زيدا من الأطفال عن عمرو.

أشكال الخوف عن الأطفال

يخاف الطفل من المرحلة المبكرة من بعض الأشجار بحسب خبرته الذاتية حيث يخاف من الطبيب أو طبيب الأسنان وأحيانا من الشرطي أو الحرامي، ولكن هذه الأمور مرتبطة بالوضع الاجتماعي والثقافي للأسرة حيث قد يستبدل المفهوم الصحيح بالخاطئ فبدلا من ترسيخ فكرة الاحترام للطبيب والشرطي لأنهم يقدمون لنا خدمات جليلة تقوم بعض الأسر بإخافة الطفل

من هؤلاء أو غيرهم من أصحاب المهن الجليلة أو المفيدة فقط كي يستريحوا من حركة الأطفال أو شططهم، وكان عليهم أصلا التصرف بشكل تربوي.

بينما التخويف بالحرامي والشريف وغير ذلك من العبارات برغم صحتها أخلاقيا لكنها خطأ تربوي نفسي لأنها تعمق الجبن عند الطفل إضافة لتشكيل بعض العقد التي تتفاعل مع تفكير وخيال الطفل بل وواقعه لتكون ناتجا غير مقبول لدى من يقومون بالعملية التربوية.

إن التربية عملية معقدة ويزيد من تعقيدها جهل الأهل بالقواعد التربوية السليمة، ويبسطها الأهل الذين يتعاملون مع الطفل بشكل منطقي حيث يقدمون له حاجاته الأساسية وينظمون له طعامه ونومه ولعبه وحتى تقديم الحنان له، ولا يتركون الطفل يخضع لتأثيرات متناقضة وعديدة تتعارض مع النوع الذي يرغبونه لأطفالهم من التعامل.

عندها يكون الأهل بغنى عن أي وسيلة يستخدمونها في إخافةِ ولدهم فهو يسير كما تسير الساعة وفق ما خطط لها عند صنعها.

ونعود إلى بحثنا الأساسي خوف الطفل، فقد يخاف الطفل من بعض الحيوانات كل حسب خبرته الذاتية وإذا كانت الأم تخاف من الفئران سيكون الطفل مقلدا لأمه بخوفها.

والخوف الاجتماعي (الخجل) فعل إنساني لما قد يتميزّ به الإنسان عن كل الكائنات الأخرى وهو من أهم أشكال الخوف أثرا في حياة الإنسان من حيث أن كثيرا من أشكال الفشل الدراسي والوظيفي والمهني والاجتماعي سببها الخجل، وللخجل (الخوف الاجتماعي) عنصران أساسيان هما:

أ- عنصر وراثي. الكثير من الخجولين هم أبناء الأب أو أم خجولة أو خجول.

ب- عنصر التربية والبيئة، وهو عنصر هام حيث تستطيع التربية أن تكّون من الطفل خجولا أو جزئيا، مع بقاء أثر الوراثة ظاهرا حيث أن الخجول وراثيا يتحسن بنسبة ترتبط بمدى درجة خجله الموروث ومدى قوة تأثير التربية وجدارتها. بينما تكون العملية سهلة جدا مع طفل ورث عن أهله الجرأة والأعصاب المتينة فإن جهدا بسيطا سيجعل منه طفلا جرئيا فما بالك إن كان هناك غاية مقصودة عن المربين أهلا كانوا أو مربين في الروضة وهي تعويدهم الجرأة بشكل جيد، عندها يكون الأطفال ذوو الوراثة الإيجابية مثلا يقتدون في الجرأة.

ويؤثر جو الأسرة الاجتماعي في موضوع الخجل: فالأسرة ذات العلاقات الاجتماعية الواسعة سيكون أولادها حتما أكثر بعدا عن الخجل من أسرة علاقاتها الاجتماعية محدودة جدا أو معدومة وخاصة عندما تكون العلاقات الاجتماعية منطقية عند الأطفال، لأن الزيارات الاجتماعية إذا كانت مقصورة على الكبار وكان الأولاد عادة يتركون في البيت و كذلك

عند حضور الضيوف يغلق عليهم باب غرفتهم أو لا يسمح لهم بالدخول، حيث يكون هؤلاء الأطفال أكثر قربا من الخجل أو أكثر بعدا عن الجراءة.

ما هو الخوف الصحيح والخوف الخاطئ

إن الأسرة هي المسؤول الأول حيث يكون أفرادها القدوة للطفل، فإما يكونوا قدوة حسنة وهنا تكون الأمور إيجابية أو تكون القدوة غير صالحة وتكون عندها النتيجة سيئة.

والأسرة هي التي تختار للطفل البرامج التلفازية المناسبة والتي يشاهد الطفل من خلالها أنماطا من الخوف الحقيقي والصحيح، أن يخاف الطفل الأفعى والوحوش الكاسرة والأماكن الشاهقة والنار والكهرباء والبحر والمواد السامة والجراثيم والعبث في الطريق والعبور الخاطئ أمام السيارات واللعب بعيدان الثقاب والقداحة أو جرة الغاز والعبث بسيارة والده والسكاكين الحادة هذه أمور يجب أن يخاف منها حتى يتجنبها، وعلينا أن نشرح ونوضح للطفل لماذا عليه أن يخاف من هذه الأمور سابقة الذكر.

أما الأشياء التي يخافها الطفل وهي لا تخيف بالفعل فلا بد من التحاور مع الطفل في كل أمر يخيفه. وتزداد المصاعب عند وجود أحد الكبار ضمن البيت ممن يخافون هذه الأشياء (الفأر، الصرصور، الفراشة، الجرادة، الأرواح، العفاريت، الجن).

ولا بد من تعاون الفئتين الكبيرتين في البيت (الفئة التي تخاف والفئة التي لا تخاف) حيث أن على الفئة التي تخاف أن تخفي خوفها على الأقل ريثما تكون الشجاعة كافية لدى الطفل ويصبح قادرا وبكل سهولة أن يتعامل مع هذا الأمور ببساطة. والعمل بتدرّج وصبر مع الطفل وتقدير أحاسيسه وأن لا تتعامل معه وكأنه يماثلنا في تفكيره وأعصابه ويجب أن لا ننسى أن هناك فروقا فردية بين الأطفال وخاصة في مجال الأعصاب.

والمسؤول الثاني عن الطفل الروضة والمدرسة (المعلم)، ففي مرحلة الروضة تزداد خبرة الطفل مع ازدياد العمر وقد تزداد عنده بعض المخاوف أو تقل وهذا يعود لمكوناته الموروثة من جهة وللواقع الذي يعيشه من جهة أخرى.

فقد يخاف من (المعلم، المدير، السائق، المرافق) وذلك يعود بشكل كبير إلى طريقة تعامل كل من هؤلاء برفق أو بقساوة مع الطفل وخاصة في الأيام الأولى وقبل عملية التأقلم، وقد يخاف من بعض أقرانه وليس من الضروري أن تكون الإخافة بالضرب فإن إشارة باليد أو عبارة توعد قد تكون كافية أن تنزل الرعب في قلب بعض الأطفال. ويخاف في أيامه الأولى من (الميزان، المرجوحة، بعض الألعاب) وهذا يعود على خبراته السابقة من جهة وإلى مكونات شخصيته من الناحية العصبية. فالطفل الذي مارس هذه الألعاب قبل مجيئة إلى الروضة حتما لا يخافها في الروضة.

أما الآخرين فاحتمال خوفهم من الألعاب وارد لكنه احتمال قليل. كما أن الفئة التي تخاف من الألعاب تكون بطيئة التأقلم ورافضة لكل المغريات التي تقدم للطفل. وهذا يعني أنها من مزاجية خاصة رفيعة حساسة منطوية انعزالية حتى أن بعض الأطفال يخافون من الآلات الموسيقية، ويظهر الطفل خوفه على شكل أحلام توقظه من نومه في البيت وهو في حالة بكاء شديد.

خوف الطفل من المجهول

واجب الأسرة والمعلم هو التوجيه والتركيز على القيم الدينية وهي التي تحمي الإنسان (فالبسملة كفيلة بأن تجعل الإنسان يشعر بالأمان) وأن الله سبحانه وتعالى سوف يحميه من كل مكروه إذا ما قرأ ما تيسر من القرآن الكريم.

أما ظاهرة الخوف الاجتماعي (الخجل) فلا بد من معالجتها بتوفير جو اجتماعي وإقحامة بتجارب تتطلب أن يكسر هذا الحاجز، والمعلم صاحب الخبرة وبتعاونه مع الأسرة سيحقق نتائج باهرة.

ما هي الشجاعة

هي عدم الخوف من الأمور المخيفة لعدد كبير من الناس، وهي عمل لا يستطيع أن يقوم به إلا قلة من الناس ونسمي من يقتحم حريقا لإنقاذ أطفال أبرياء رجل شجاع وبين الشجاعة والجبن آلاف الدرجات وهناك فرق بين الشجاعة والتهور وهذا يعود إلى مبادئ الإنسان وثقافته وعاداته وأعصابه، فامرأة تخاف فأرا مثلا تعتبر جارتها التي تقتل لها هذا الفأر أنها قامت بعمل شجاع.

كيف نغرس الشجاعة في نفس الطفل

١- إبعاد الخوف المزيف عنه.

٢- التعامل مع الأمور بمنطقية وعقل.

٣- معرفة الإنسان لإمكاناته الجسدية والمادية وقدرته على التعامل مع الواقع.

٤- ترسيخ مفهوم التوكل على اللـه وأن اللـه سبحانه هو الذي يحمي الإنسان.

٥- توضيح مفهوم الشجاعة وربط الشجاعة بالعقل والأخلاق والمنطق.

٦- فتح باب الحوار مع الأطفال لإبراز مواقف شجاعة في حياتهم وتعزيزها.

٧- التمييز بين الشجاعة والتهور الذي يهدد حياة الإنسان دون فائدة.

٨- الاعتزاز بكونه شجاع يحب وطنه ويدافع عن كرامة الأمة.

إن الفهم الخاطئ للشجاعة يجعل كثيرا عن الناس يرتكبون حماقات ضد أنفسهم أولا أو ضد أهلهم أو أقاربهم تصل إلى حد القتل أو الحرق أو الانتحار ظنا منهم أنهم يقومون بعمل يتصف بالشجاعة.

الخوف بين الأسباب والعلاج

يقسم فرويد الخوف إلى قسمين:

١- الخوف الموضوعي أو الحقيقي، ويرتبط الخوف هنا بموضوع معين كالخوف من الحيوانات أو الظلام أو الموت.

٢- الخوف العام غير المحدد، حين لا يرتبط بأي موضوع وصاحب هذه الحالة متشائم حزين يتوقع الشر والرعب.

أنواع الخوف

أ- الخوف الواقعي: وهو عبارة عن استجابة لخطر حقيقي ناتج عن حيوان مفترس أو سيارة مسرعة.

ب- القلق: وهو خوف من المجهول، مرتبط ببعض الدوافع الذاتية دون وعي من الفرد بذلك.

ج- الخوف المرضي: وميزاته محددة وواضحة إلا أنها لا تعتبر مصدرا للخطر كالخوف من الظلام، أو الأماكن المعلقة أو المرتفعة أو من بعض الحيوانات الأليفة.

وجميع هذه المخاوف تشترك في نفس الأعراض من حيث:

١- توتر عضلات المعدة كجزء من التغيرات الفسيولوجية.

٢- شعور بالضيق والتوتر كجزء من التغيرات النفسية.

٣- سرعة ضربات القلب واضطراب في التنفس وازدياد في إفراز الغدة النخامية.

هذه التغيرات الداخلية تعمل على تنشيط الكيان العضوي للإنسان وتجعله في حالة تهيؤ للهرب.

مخاوف الأطفال

١- تدور حول موضوعات حسية يمكن إدراكها بالحواس (مثل الكلب، الحصان، الشرطي).

٢- تدور حول موضوعات غير حسية كالخوف من الظلام العفاريت... الخ.

الانفعال من الخوف في حياة الطفل يصدر عن أمور مادية توجد في بيئته مثل الأصوات العالية المفاجئة، ظهور شخص غريب، الشعور بفقدان شخص عزيز كالأم.

واعتبر (وطسن) الأصوات العالية أو السقوط مثيرات طبيعية لشعور الوليد بالخوف وهذا يعتبر مثيرا أصلي وهناك مثير يحدث الخوف في مرحلة مبكرة عند الطفل مثل الخوف من حجرة مظلمة غريبة عنه لا تمت إليه بصلة، بينما لا يشعر الشعور نفسه إذا كان في حجرة نومه الخاصة وهي مظلمة.

أسباب الخوف (كيف يتكون الخوف)؟

١- يتكون الخوف في نفس الطفل من الجهل بحقيقة الشيء التي تقع من مسؤولية الآباء، من حيث توضيح الأمور وتفسيرها له.

٢- استغلال بعض الآباء أو الأخوة خوفا (ما) في الطفل وذلك بهدف التسلية.

٣- تخويف الأطفال، وذلك من أجل أن يضحك الكبار، وعلى حساب تألم الصغار وانزعاجهم.

٤- تخويف الأطفال ليقلعوا عن اللعب واللهو داخل المنزل، حتى يتمكن الأب من النوم. فإذا خضع الطفل للأمر، شُل نشاطه، وشب جبانا لغير سبب معقول.

٥- تخويف الأطفال بذكر اسم الطبيب أو الحقنة كأن نقول للطفل إذا لم تكف عن كذا وكذا فسنأخذك للطبيب ليعطيك حقنة.

٦- تشاجر الوالدين وكثرة غضبهم وتذمرهم يساعد على إثارة الخوف عند الأطفال. ويؤثر على نفسيتهم.

٧- ذعر الأم وظهور علامات الخوف لديها والارتباك واصفرار الوجه والبكاء وما شابه ذلك فينتج عن هذا أن الطفل نفسه يخاف ويدب الذعر في داخله، وبهذا ينشأ شديد الخوف على نفسه لأن من حوله شديد الخوف عليه.

٨- خوف الآباء أنفسهم يعتبر من أشد العوامل التي تكون الخوف في نفس الطفل، فكيف يطلب من طفل ألا يخاف من شيء معين بينما والديه في أشد الخوف منه.

٩- إبداء الخوف والقلق من الآباء على أبنائهم، فينتقل هذا الخوف من الوالد إلى الولد.

١٠- التحدّث مع الأطفال في مسائل غيبية مجهولة أو أمور مخفية ومخيفة (كالغول، أبو رجل مسلوخة، السفاحة) مما يثير الخوف في أعماق الطفل.

١١- الخوف من الموت وما يحاط به من طقوس من قبل الكبار (البكاء، الحزن، الهلع).

١٢- وسائل الأعلام التلفاز الأفلام المرعبة.

١٣- الخوف من الظلام لارتباطه بالعفاريت والأشباح أو ما شابهها مما يثيره بعض الكبار للأسف.

علاج الخوف

١- مواجهة تلك المواقف التي تعود أن يخاف منها، فيحدث حينئذ تحكم فيها.

٢- ربط مصادر الخوف بأمور سارة محببة بدلا من ربطها بأمور تثير الخوف.

٣- التأكيد للطفل على أن الموت شيء طبيعي، ولا خوف منه (وكل نفس ذائقة الموت) فعلينا أن نكون صالحين في الدنيا لنيل رضا اللـه عز وجل والفوز بالجنة.

٤- ضرورة إبعاد الأطفال عن المآثم وما يحاط بها من تقاليد تثير في الطفل الرعب والفزع وتحاشي إظهار مشاعر الحزن والصراخ أمامه.

٥- إقناع الطفل بأن الظلام أمر طبيعي وهو ستار يبعدنا عن النور الذي يوقظنا إذا أردنا النوم لنستريح من العمل. وإذا كان يخاف من الظلام فلينام بغرفة فيها نور بسيط.

٦- المبالغة في شدة الخوف وكثرة تكراره يمكن أن تعوق علمية النمو. فالطفل يكثر من البكاء والانكماش والالتصاق بوالديه لا يمكن أن تنمو كفاءته.

وأخيرا الأطفال لا يولدون وهم خائفون أو يخافون بل أنهم يتعلمون ذلك.

٥- الفرح عند الأطفال

ما هو الفرح؟

الفرح انفعال إيجابي يحدث في النفس عندما تتحقق لها رغبات مادية ومعنوية.

متى يفرح الإنسان؟

يفرح الإنسان بشكل عام عندما تتحقق له رغباته الجسدية والمادية والمعنوية وكلما كان الإنسان أكبر سنا وأكثر ثقافة ازدادت الأمور المسببة لفرحه، ولن نخوض في الفرح عند الكبار لأنه ليس موضوعنا وإنما سنتعرض إلى الفرح عند الأطفال بين سنة ٣- ٦ سنوات

١- يفرح الطفل عندما يعطي الطعام الذي يحب، وكذلك الألعاب التي يفضل وعندما يكون في مكان آمن ويحقق له الوقاية من الحر والبرد، وعندما يتخلص من مسببات الضيق والألم الجسدي (الناحية النفسية التربوية).

٢- يفرح الطفل عندما يجد نفسه في جو اجتماعي وعندما يشعر بتقدير الجماعة له، وحبها له، وعندما يضحك ويلعب وينشد، ويرسم وعندما تقدّم له أعطيات مادية ومعنوية (الناحية النفسية المعنوية).

واجبات الأسرة اتجاه الطفل من ناحية الفرح

١- إدخال الفرح على نفس الطفل. فالفرح يبدأ عند الطفل من بداية الإدراك فالأسرة عندما تؤمن حاجات الطفل من طعام وشراب ونوم وتهوية وتدفئة وعلاج بحسب إمكاناتها يرتاح الطفل عندما تؤمن له هذه الحاجات بالقدر المناسب والوقت المناسب والشكل المناسب، لكن شعوره النفسي يكون غامضا قبل تبلور قواه ووظائفه النفسية والعقلية.

ويبدأ الطفل في آخر الشهر الأول بالاستجابات الإيجابية فقط لما يرضيه جسديا من طعام ولباس وحرارة وسرير. ويستجيب سلبا للألم والحرمان والاستجابة هذه يعبر عنها بالبكاء، وبعدها يبدأ الطفل بالابتسام والضحك لكن ابتسامة الطفل ردة فعل لابتسامة الكبار.

إذا لا بد للأسرة من متابعة موضوع فرح الطفل وابتسامه وضحكه كي يتعرف الطفل بشكل صحيح، فيضحك في الوقت المناسب وبالقدر المناسب والطريقة المناسبة للوصول إليه وكون الفرح انفعال فطريا في الإنسان ولأهميته السيكولوجية للإنسان بشكل عام وللطفل بشكل خاص، حيث يعتبر غذاء

أساسيا للحياة النفسية للطفل حتى تكون الشخصية سائرة في الطريق الصحيح ودون خوف من العقد والانحرافات.

هل الفرح مرتبط بحاجات الطفل؟

الفرح مرتبط إلى حد كبير بتأمين حاجات الطفل الأساسية، وكان لزاما على الأهل تأمين هذه الحاجات بعد معرفتهم لها وأهم حاجات الطفل تنحصر فيما يلي:

أ- الطعام ب- اللباس ج- النوم والفراش

د- السكن هـ- العب و- الأناشيد

ز- إشباع الخيال والقصص ح- العاطفة

ي- الشعور بالذات ك- الأمان والأمن

ل- الاستجابة الموقفية

أ. الطعام

١- تقديم ما يحبه الطفل من طعام مع التوازن مع الجانب الصحي.

٢- تكوين عادات صحيحة تربوية وصحية عند الطفل في مجال الطعام.

٣- تقرير كمية الطعام ونوعها التي يجب تبادلها.

ب. اللباس

١- تكون ألبسته لطيفة ملونة وناعمة فضفاضة، جميلة.

٢- مراعاة الناحية الصحية في اللباس ومراعاة ظروف الأسرة المادية.

٣- احترام ذوق الطفل في اللباس وعندما يريد أمرا ما فبالحوار والإقناع.

ج. النوم والفراش

١- أن يكون لينا مع توفير الأمان بحيث لا يسقط منه ليلا.

٢- يفضل في غرفة النوم وضع الآيات القرآنية وصور محببة للطفل (الطبيعة).

٣- مراعاة التدفئة والتهوية والإنارة في مكان نومه.

٤- يكون فراش الطفل بعيدا عن كل المؤثرات المزعجة (ضوضاء، ذباب، بعوض).

٥- تعويد الطفل ساعة محددة للنوم بحيث لا تزيد عن التاسعة مساء.

٦- الطفل يرغب بالسهر والنوم مع والديه في السرير نفسه وقد يشعر بالفرح وعلى الأهل أن يحاورا الطفل ويقنعوه بضرورة النوم في غرفة ربما يرفض في البداية، ولكنه سيشعر بالفرح والسعادة عندما يتعود على ما رغبه له أهله.

د. السكن

١- وأقصد بالسكن غرفة الطفل، وهذا مرتبط بظروف الأسرة المادية، لكن على كل الأحوال يفضل تخصيص مكان للطفل يعرف الطفل أنه ملكه.

٢- فالطفل يشعر بالسعادة عندما يبني دارا من حجارة، فإذا كان له غرفة سيعاملها معاملة ما يبنيه.

٣- توفير في الغرفة صور طبيعية، آيات قرآنية، ألعاب، أشكال محببة للطفل.

هـ اللعب

١- يبدأ الطفل اللعب في الأشهر الأولى ويسلّي نفسه ويشعر بالسعادة.

٢- الألعاب واللعب شيء هام في حياة الطفل فهو يعتبرها أفضل صديق وعلينا أن نحترم خيال الطفل.

٣- يجب تمييز ألعاب الذكور عن ألعاب الإناث.

٤- ضرورة تدخّل الأهل عندما يكون لبعض الألعاب خطرا أو ضرر على الطفل.

٥- تدريب الطفل وتوجيه الطفل أيضا إلى أسلوب التعامل الصحيح من الألعاب وإلى طريقة الحفاظ عليها وصيانتها وإصلاحها إذا ما أصابها عطل بسيط.

و. الأناشيد

١- إن الأناشيد تهز النفس الإنسانية طربا وفرحا فعند سماع أنشودة جميلة يسعد الطفل ويهدأ ويحلّق في الأجواء فرحا.

٢- تخصيص وقت لسماع الأناشيد الجميلة ويفضل أحيانا قبل نومه.

٣- اقتناء أشرطة تحتوي على أناشيد كلاماتها ذات قيم أخلاقية.

ز. الاستماع إلى القصص

١- القصة أو الحكاية أو الحدوثة كلها مصدر سعادة عند الطفل.

٢- يستطيع الأب والمربي أن يبني خيال الطفل بصورة واقعية وإدخال الفرح إلى نفسه.

٣- اختيار الوقت المناسب لسرد القصة (قبل النوم).

٤- يجب أن تحمل القصة معاني وجدانية وتغرس من نفس الطفل بعض القيم الإيجابية.

٥- الطفل يحب القصص الخيالية والبعيدة عن الواقع فعلينا أن نحترم مشاعره.

ح. العاطفة

١- إن لمسة عابرة على رأسه تساوي الكثير بالنسبة له فما بالك أن تكون قبلة من أحد الأبوين.

٢- ضم الطفل إلى الصدر وحمله بين ذراعي والديه لفترات قصيرة يعتبر غذاء روحيا لا بد منه للشعور بالأمن والطمأنينة.

٣- التوازن بين الشدة والعاطفة أمر مستحب.

٤- التوجيه المستمر بكلمات دافئة تحمل في طياتها عبق المحبة للأطفال لها أثر كبير في نفس الطفل.

ط. الشعور بالذات والاستقلالية

١- يجب ترك الطفل يعتمد على ذاته حتى لا يشكل ذلك إضعافا لشخصيته ويجعله اتكاليا يعتمد على الكبار.

٢- يحبط الطفل إذا كان وحيدا بسبب ظرف ما ولا يمكنه فعل شيء لنفسه، لذلك من الضروري تعليمه الاعتماد على نفسه.

٣- تعويد الأطفال اتخاذ القرار المناسب كونه ضروري للطفل فهذا يشعر الطفل بالسعادة.

ي. الأمن والآمان

١- إبعاد كل ما يتعلق بالألم والخوف والمرض عن الطفل وتوفير ما يشعره بالأمن.

٢- تهذيب الانفعالات وتوجيهها نحو الإيجابية (الخوف، الحزن، الألم).

ك. الرد على التساؤلات (الاستجابة)

١- الطفل كثير التساؤل وهذه علامة الذكاء، وكما أنه يزداد خبرة عندما تواجهه أمور كثيرة يحتاج لمعرفتها من خلال سؤال الأبوين فعليهما أن لا يهملا ذلك وبالإجابة والاستجابة يتحقق الفرح للطفل والمعرفة.

٢- الخطأ عن تسكيت الطفل وتأنيبه لكثرة أسئلته لأن ذلك يؤدي إلى أكثر من ضرر على شخصية الطفل.

٣- عندما تكون الحالة النفسية مضطربة عند الأبوين فلا بأس من عقد اتفاقية مع الطفل كثير التساؤل حتى تخصص له أوقاتا للرد على تساؤلاته.

بعد أن تقوم الأسرة بتأمين حاجات الطفل المادية منها والمعنوية وبشكل مدروس. لا يبقي للطفل إلا أن يكون سعيدا فرحا يعبّر عن فرحه بالعديد من التعريفات من ابتسام وضحك وقفز ولعب.

وما يهمنا أن لا يتمادى فيتجاوز حدوده بتكسير الأثاث أو يشتم أو يضرب أحدا لأنه يريد أن يعبر عن فرحه. حتى لا يستمر على هذا النهج عندما يكبر، فيفعل كما يفعل الكبار في مجتمعنا عندما يفرحون يطلقون النار مما يؤدي إلى الإزعاج أو إصابة الآخرين.

لا بد من توجيه الطفل إلى الطرق الصحيحة للتعبير عن الفرح وما يتعلق من مظاهره وحدوده ومقداره.

يعبر الطفل عن الفرح بالضحك، وبين الفرح والضحك علاقة وثيقة، فالإنسان يفرح عندما يضحك ولو كان ضحكة عابرة، كما يمكن أن يفرح الإنسان بسبب إضحاك الآخرين له، والضحك علم قائم بذاته يدرس من قبل الكوميديين وله وظائف اجتماعية ونفسية واقتصادية للإنسان والمجتمع.

ولكن المهم بالنسبة لنا أن يضحك الطفل، فالضحك مفيد له حيث يشعر بالسعادة والفرح من جهة، ويزيل ما علق بنفسه البريئة الطاهرة من أدران الواقع المعقد المحيط بالجميع صغارا وكبارا.

لكن لا بد أن يرافق الضحك أو الإضحاك قيود وتوجيهات منها:

متى تضحك؟ وأين تضحك؟ وكيف تضحك؟ فيعرف الطفل أن هناك أمكنة وظروفا لا
نضحك فيها وأن صوتنا في الضحك يجب أن لا يرتفع في كثير من الأوقات والأمكنة، وغير
ذلك من الآداب الاجتماعية التي يعرفها كل الكبار.

٦- الكره والحقد

الكره والحقد مفهومان متقاربان في بعض الجوانب، ومتباعدان في أخرى، فكلاهما
يعبر عن موقف سلبي يقفه الإنسان في أمور معينة، وكلاهما انفعال دفين يخفيه الإنسان في
أغلب الأحيان ولا يظهره إلا لمن يريد ومتى يريد.

كما أن كلا الانفعالين يؤثران سلبا في الشخصية الإنسانية ويحدان من فاعليتها
وعطائها وإنتاجها، ويسببان لها الكثير من المتاعب النفسية والجسدية والخسارات المادية
والمعنوية، بل يصلان بها أحيانا إلى حد المرض النفسي أو الانزواء أو الانسحاب من المجتمع.

الفرق بين الكره والحقد

١- يكره الإنسان بعض الناس، أو بعض الأشياء أو الأطعمة أو العادات. لكن الحقد لا
    ينصب إلا على الإنسان وليس على أي إنسان كان.

٢- الكره يكون عام ودون مواقف لكن الحقد لا بد من مواقف تؤدي إلى شعور الإنسان بالحقد وكلما كان الموقف شديدا كان الحقد أكبر وهذا له علاقة بتكوين شخصية الحاقد والتربية التي تلقاها.

٣- يبقى الحقد أكثر فعالية من الكره، فالشخص المكروه يبقى موقف كارهه منه سلبيا فقط، أما الحقد فيعتبر مرحلة متطورة قد تسبب أفعالا عدوانية أو أنواعا من الأذى.

الفرق اللفظي بين الحقد والكراهية

١- الكره عكس الحب، وهو نقيض كل شيء محبوب ومرغوب للنفس، أي أن النفس عندما تكره تنفر من الشيء بتجنبه.

٢- الحقد عكس التسامح، والحقد ممثلا بالإنسان الذي يكبت في نفسه موقفه عن أخطاء الآخرين وهفواتهم ولا يناقشهم فيها ولا يعاتبهم إذ يعتبر ذلك انتقاصا من قدره.

مفهوم الكره

انفعال فطري في الإنسان مرتبط بالغرائز الفطرية الموجودة فيه فكل ما تعارض أو عرقل أو حجب أو منع أو تعدى على حاجة من حاجات الإنسان أدى ذلك إلى كره ذلك الشخص أو الشيء.

مجالات الكره (المجالات التي يجب أن يتجنب الكره فيها)

١- مجال الطعام.

يجب أن تعود الطفل أن لا يكره أي نوع من أنواع الطعام لأن كل الأطعمة مفيدة وكل طعام يتميز عن غيره بما يحتويه من مواد ضرورية للجسم، وأن تناقش الطفل حتى تصل إلى الإقناع إلى عدم كره أي نوع من أنواع الطعام إذا أردنا أن يكره فليكره الطعام الملوّن أو المعرّض للذباب والحشرات.

٢- مجال النظافة

نغرس في نفس الطفل كره القذارة بأشكالها المتعددة، قذارة الجسد، الرائحة، قذارة الألبسة والمكان، وعليه أن يحب النظافة.

٣- مجال الدواء

تعود الطفل أن لا يكره الدواء، وعدم إخافة الطفل بالطبيب أو طبيب الأسنان أو الحقنة، مما يجعل الطفل يكرههم. ويكره بسببهم أكثر أنواع الدواء مما يسبب مشكلة للأهل كلما أرادوا زيارة الطبيب أو إعطاء الطفل الدواء.

٤- مجال التسلية

كره الطفل للألعاب والمسليات يجب أن يكون موضوعيا ومناسبا كما وكيفا للظروف المحيطة، فيجب إبعاد الطفل عن كره بعض الألعاب، أما

المسليات الضارة فيجب أن نغرس في نفس الطفل كرهها التدريجي عن طريق الحوار والإقناع بضررها وكرهها لأنها ضارة وليس لأننا نريد إبعاده عنها فقط.

٥- مجال الأقارب (الأشخاص)

أما كره الطفل للأشخاص بدءا من الوالدين والجدين والأقارب والأخوة ثم الجيران، فإن الكره لا يتأتى دون مسبب، وإذا ما تعامل الكبار مع الطفل بشكل صحيح فلا بد له أن يحبهم لكن كيف يكون التعامل صحيحا؟

إن العطاء بالقدر المناسب والوقت المناسب، والعقاب عندما يكون تربويا ومدروسا ولا يكون ظلما وعبثيا وكيفيا، إن التعاملات الغير مدروسة تؤدي إلى كره الطفل للكبار.

فالعقاب أشد الأمور إيلاما وإكراها للطفل، لكن عندما يكون بشكل تربوي يختلف الأمر، فإن الطفل لا يكره من يستخدمه معه بقصد التعليم والتربية.

إن التمييز بين الأخوة والأحفاد يسبب كره الطفل للكبير الذي يقوم بالتمييز ربما يقوده إلى الحقد ثم إلى عقد مستمرة.

٦- مجال العادات

هناك بعض العادات تحاول الأسرة غرسها في الطفل، فقد يكون أسلوب الأم أو الأب مع الطفل لغرس هذه العادات وبخاصة أسلوب الغيرة أو التنافس فسوف يؤدي إلى أن يكره الطفل هذه العادات التي استخدم في تكوينها أو تثبيتها أسلوب لا تربوي.

٧- مجال الأشياء

يجب مراقبة الطفل مراقبة دقيقة والتأكد من أن الطفل يكره ما يجب أن يكره فعلا لكونه يسبب له أذى ولا يحتوي فائدة، أو أن أذاه أكبر من فائدته، وكذلك هنا لا بد من الشرح لكل الجوانب كي لا يكره الطفل لأن الكبار يريدون له ذلك.

٨- مجال الحيوانات

وهنا تختلط العواطف والانفعالات والغرائز فالطفل بفطرته يحب الحيوانات ولكنه في سنوات معينة من عمره يخافها، فهو يفرح ويخاف ويحب في آن معا وأحيانا تختلط عليه الأمور، وواجب الكبار هنا عزل الأمور عن بعضها وتوضيح أي الحيوانات نحب، ولماذا؟ وأي الحيوانات نكره ولماذا؟ وإلى أين مدى يجب أن نكره بعضها، فبعضها نكرهه إلى حد ألا نلمسه لأنه يضر بصحتنا وبعضها الآخر نكرهُ فنقضي عليه بواسطة مبيدات أو أدوات..

الخ وبعضها نحبه ولا يجب أن نكرهه، وإذا كان الطفل قد تكون عنده شعور الكره تجاهها، فيجب نزع ذلك الشعور بأسلوب تربوي مناسب.

٩- مجال الرياضة

فالمفروض أن الطفل يحبها، ولكن ظروفا معينة قد تجعل الطفل يكره بعض أنواع الرياضة بسبب عقده معينة حصلت له معها، كأن يكون قد أصابته حادثة بسبب كرة أو دراجة فتراه يكرهها.

لو أشرفت الأسرة على أشكال الرياضة التي يرغبها الطفل وهيأت له المكان والزمان والأمان ورفاق اللعب عندها ستكون احتمالات كره الطفل لأي نوع من الرياضة أقل.

١٠- مجال القيم

المفروض أن يحب الطفل قيم الخير ويكره قيم الشر،ويأتي ذلك عن طريق القدوة الحسنة أولا وعن طريق توضيح الكبار عن طريق القصص والأمثلة بحيث يحب الطفل ممارسة قيم الخير ويكره بتجنبه قيم الشر.

١١- مجال الجنس الآخر

إن للأسرة والمدرسة دورا كبيرا في جعل الطفل يكره أو يتعلق أو يتعقد من الجنس الآخر إضافة إلى الظروف المحيطة أو سن الطفل حيث يجتذب

الجنس الآخر الطفل في سن معين ويبتعد عنه في سنوات أخرى ولا بد للأم من معرفة هذه السنوات لتحسن التعامل مع الطفل.

وفي أسرنا الشرقية وواقعنا المتناقض فإن المسألة حساسة جدا هذا بالإضافة إلى وسائل الإعلام التي تصل إلينا ويراها الطفل في سنواته المختلفة. ويأتي دور الأهل في تحذير بناتهم من التعامل مع الذكور في سن معين لأن القيم الدينية تنص على حرمة ذلك، وربما يكره الطفل ذلك لكن دور الأسرة والمدرسة واضح في هذا المجال لبيان حدود التعامل ضمن الشريعة الإسلامية والقيم التربوية.

مفهوم الحقد

هو أكثر فاعلية وتأثيرا من الكره في نفسية وشخصية الحاقد لما قد ينجم من ضرر وأذى يصيب الشخص المحقود عليه والشخص الحاقد نفسه، ومما يتسبب من كثير من الأعمال العدوانية، والحقد ينصب على أشخاص كانوا أو أفرادا.

ويكون بسبب تعارض مصالح الإنسان الحاقد مع مصالح الآخرين الذين حقد عليهم وقد يكون الحاقد ذاته هو السبب في إيجاد هذا التعارض أو تكون جهة ثالثة أو ظروف معينة أوجدت هذا التعارض، المهم بالنسبة لنا كآباء ومربين أن نوجد عن الطفل نفسية بعيدة عن الحقد أصلا، ونبني فيه فكرة التسامح والحب.

والحقد أحيانا يبدأ مبكرا في البيت وخاصة عند الأخوة بسبب التمييز من قبل الوالدين وبخاصة عندما يأتي طفل جديد، أو من معاملة زوجة الأب لأطفال الأب بقسوة.

وأحيانا معاملة الطفل الأكبر معاملة متميزة أو الطفل الصغير معاملة الدلال مما يدفع الأطفال بأن يحقدوا عليهم.

وقد يحقد الطفل على بعض رفاق اللعب لموقفهم السلبي منه لأسباب ذاتية أو موضوعية وكلما طالت مدة الحقد كلما اشتد وأصبح أكثر رسوخا وأكثر إمكانية للاندفاع والظهور على السطح متمثلا في تصرفات عدوانية أو خطيرة وهنا لا بد من توجيه طاقات الطفل إلى بناء ذاته والتفكير في نفسه وتغرس مفاهيم التسامح والمصارحة، وتقبل النقد بروح رياضية والصفح عن أخطاء الآخرين.

ومن الضروري عدم التمييز بين الأخوة وإشعار الآخرين من الأطفال بمقدار حبهم، ونبذ سلوك الحقد من أنفس الأطفال.

هناك أمور يجب أن نكرهها ونحقد عليها منها:

١- الاستعمار والظلم والاستغلال والاستغفال.

٢- اليهود والأعداء الذين يحتلون أرضنا ويطردونا منها.

٣- الكفر والكافرين.

٤- الصهيونية العالمية والاستعمار الأمريكي والاحتلال البغيض.

٥- الحقد على الظالم المغتصب للحقوق.

٤- الحزن

الحزن انفعال سلبي دفين يصيب الإنسان عندما يفقد عزيزا فقدانا دائما أو مؤقتا سواء أكان هذا العزيز إنسانا أو غير ذلك، أو عندما يخيب أمل الإنسان في أمر ما، أو عندما تتهدد مصالحه أو حياته أو عندما يعتدى عليه.

متى يحزن الطفل

يحزن الطفل بعد اكتمال العمليات العقلية من ذاكرة وانتباه وإدراك وتخيل ويحدث الحزن عند الطفل عندما يقف حائل دون تحقيق حاجاته الأساسية، وبما أن الأم هي كل شيء بالنسبة للطفل فهي التي تقدّم له كل حاجاته وتمنع عنه كل ما يسبب الألم فهو يحزن كثيرا عن الابتعاد عنها أو عن أحد أفراد الأسرة الذين يقيمون في المنزل.

كما يحزن لفقدانه ما يحب أو ابتعاده عن أمر يتعلق به كألعابه أو حيوان ألفه. ويحزن لفراق زملاء اللعب والابتعاد عنهم، ويحزن إذا ما قاطعه أحد زملائه وخاصمه لسوء تفاهم بينهما. ويحزن إذا فشل في الحصول على ما يريد، ويحزن إذا مرض أحد أفراد الأسرة الذين يحبهم.

كما يحزن إلى درجة التعقيد عندما يشهد خلافات الأبوين و خاصة إذا كانت متكررة وفعالة، ويصل الحزن إلى قمته عند وصول الخلافات إلى ابتعاد الأبوين عن بعض أو الطلاق. ويكون حزنه أشد عندما يتوفى غال أو عزيز.

وخاصة الأبوين كما يحزن عندما يشعر بالغيرة وبخاصة عند قدوم مولود جديد أو عند التمييز في المعاملة بينه وبين أخوته.

ما هو دور الأسرة في التعامل مع الطفل عند الحزن

١- واجب الأسرة تلافي مسببات الحزن عندما يكون ذلك ضمن مقدورهم.

٢- معالجة الأمور والمواقف عند حدوثها أولا بأول كيلا ترسخ فتشكل عقدا نفسية.

٣- يجب أن يكون دور الأهل منطقيا وعقليا حين يوفرون للطفل حاجاته الأساسية ويبعدون عنه ما يضايقه، ويتحدثون إليه مقنعين إياه بما لا يريدونه له.

٤- ثقافة الأسرة لها دور كبير في معالجة ظاهرة الحزن.

٥- التوعية والتوجيه المستمر للأطفال.

إن من واجب الأهل والمعلمين والمربين أن يمنعوا حدوث ما يحزن الطفل ضمن إمكاناتهم وأن يقفوا إلى جانب الطفل ويحاولوا إقناعه عندما يكون تعامل الطفل مع الحزن غير متناسب مع شدة المؤثر منطلقين طبعا من ظروف الطفل وعمره آخذين بعين الاعتبار (نفسيته الخاصة وفرديته) لأن ما يحزن الطفل قد لا يحزن أخاه التوأم، فما بالك إذا اختلفت الأعمال والظروف الاجتماعية والثقافية.

والمهم أن نصل بالطفل إلى التعامل مع انفعال الحزن بشكل منطقي وعقلي بحيث يتناسب الانفعال مع المؤثر ليس إلا، لا يتأثر الطفل كثيرا إلى حد تعطل إمكاناته وقدراته وطاقاته أو يصاب باختلاطات نفسية قد تؤدي به إلى ضرر نفسي وجسدي بسبب ما قد يحدث من انهيارات نفسية أو عصبية.

٧- الغيرة عند الطفل

الغيرة انفعال هادئ دفين، لكنه ذو أثر فعّال في تصرفات الطفل حيث تصل تصرفاته إلى مراحل خطيرة يصعب علاجها أحيانا.

وسبب الغيرة الرئيسي هو الغريزة الفطرية في الإنسان وهي حب الذات وتتظافر المورثات العصبية مع التربية الأسرة والاجتماعية والظروف المادية والاقتصادية إلى تشكيل مفهوم معين للغيرة عند الطفل والإنسان.

أشكال الغيرة

١- الغيرة من الأخوة وبالأخص الأصغر المدلل، الأكبر المحبوب من والديه ويكون سبب الغيرة الخوف على مصالحه وحقوقه وحاجاته من أن يأتي ويأخذ منه أو يشاركوه فيها.

٢- الغيرة عندما يفقد الطفل مكانته في الأسرة أو عند والديه وذلك بولادة أخ جديد أو أخت جديدة وتزداد الغيرة اشتعالا كلما زاد اهتمام الأهل بالمولود الجديد وهذه الغيرة تشكل خطرا على المولود

الجديد وتصبح عقده عند الطفل وربما تصبح مزمنة في كل مراحل عمره اللاحقة وتسمى (عقدة قايين).

٣- الغيرة من البكر (الأخ الأكبر) حين يستمر الاهتمام بالبكر حتى بعد قدوم عدة أولاد بعده فيكتسب البكر كل شيء مما يُشعر الآخرين بالغيرة.

٤- عقدة ديانا

وهي عقدة تصيب البنات في المجتمعات التي تفضل الذكور على البنات أو التي لا ترغب في البنات أصلا. مما يجعل بعض البنات يسترجلن في لباسهن وأعمالهن وأقوالهن وأفعالهن.

وتكون هنا غيرة الفتاة من أخيها ومحاولة التشبه به عساها تنال ما ينال من تقدير وإعجاب واحترام من قبل الأسرة أولا ومن المجتمع ثانيا.

٥- عقدة أوديب

وفيها يغار الطفل الذكر من أبيه، والبنت من أمها، فيرى الذكر أن أباه ينافسه على حب أمه إذ يأخذ حيزا من عاطفتها التي يرغب أن تكون له وأن لا ينافسه أحد عليها، وكذلك البنت عندما ترى أمها تأخذ من أبيها حيزا من حبه ولا يتبقى لها إلا جزء منه.

وهكذا يغار الطفل من أبيه والأنثى من أمها لمقاسمتها الحب الذي يريده كل منه له وحده.

وتبقى عقدة (قايين، وديانا، وأوديب) عقدا نسبية ترتبط أولا بشخصية الطفل المتميزة من حيث وراثتها للأعصاب والحساسية ومن حيث واقع التعامل مع الطفل في الأسرة المجتمع.

أنواع الغيرة

١- غيرة الطفل الأقل ذكاء من أخيه الأكثر ذكاء.

٢- غيرة الطفل الأقل جمالا من أخيه الأكثر جمالا.

٣- غيرة الطفل الأقل اجتماعية من أخيه الأكثر اجتماعية.

٤- غيرة الطفل المتخلّف من أخيه المتفوق.

٥- غيرة الطفل غير الموهوب من أخيه الموهوب.

٦- غيرة الطفل الضعف جسميا من أخيه القوي.

٧- غيرة الطفل الأقل حظا من أخيه المحظوظ.

إن الغيرة بأسبابها وبخاصة التمييز يجعل الطفل حساسا، بل يقوي لديه هذا الإحساس إلى حد الذي يمكن أن يسمي الطفل يعد هذا بالغيور.

هذا إضافة إلى ما قد يرى عليه الطفل من تجنب الغيرة إلى نفسه عن طريق القدوة السيئة كأن تتحدث الأم باستمرار عن غيرتها وتتباهى بها فيلتقط الصغار أفعال الكبار.

أخطار الغيرة

١- تؤدي إلى أمراض نفسية وانحرافات سلوكية وأمراض اجتماعية.

٢- تؤدي إلى تفكك الأسرة و انتشار الكراهية والبغضاء بدلا من المحبة.

٣- تؤدي إلى ارتكاب أعمال عدوانية كالسرقة والكذب والاختيال والانحراف الأخلاقي أو السلوكي.

٤- تشكيل فئة من الناس الحاقدين المعقدين نفسيا يعبثون في الأرض فسادا، وربما تؤدي الغيرة إلى القتل وإلصاق التهمة بإنسان بريء.

الغيرة بسبب التفوّق

يغار الطفل الأقل تفوقا من زميله المتفوق، وهنا يمكن استخدام الغيرة أداة للتشجيع والحفز على الدراسة لتكون هناك منافسة شريفة بين الأطفال يتبارى كل منهم مع زميله للوصول إلى الأفضل.

كيف تهذب سلوك الغيرة عند الطفل

١- تحاشي المواقف التي تؤدي إلى غيرة الطفل من جهة.

٢- عدم عرض مواقف الغيرة من قبل الكبار أمام الصغار.

٣- الحوار مع الطفل عندما يشعر بالغيرة ويظهر عليه ذلك من ملامحه أو أقواله أو أفعاله.

٤- بذل الجهد من أجل تجاوز المواقف التي تؤجج نار الغيرة.

٥- إيجاد بدل لما سبّب الغيرة ليبتعد الطفل عن غيرته بسبب الإحباط أو الفشل الذي لاقاه في مجال ما عن طريق نجاحه في مجال آخر.

كيف نتغلب على مشاعر الغيرة عندما يحضر طفل جديد

١- تمثيل دور الطفلة أو الطفل الصغير مثل الاستلقاء على السرير واللعب وبخاصة الطفل الجديد وجعل هذا الطفل يتمادى في تصرفاته حتى نصل إلى العبارات التالية:

أ- لقد لعبنا دور الطفل الصغير الجديد بما فيه الكفاية والآن نريد أن نصبح الأخت الكبرى والأخ الكبير.

ب- نلفت انتباهها لشيء آخر مثل، أن تحكي لنا قصة أو حكاية عن الأخوة.

٢- إعطاء الاهتمام للطفل الغيور من خلال

١- توكل للطفل بعض المهام في رعاية الطفل الجديد.

٢- التركيز على أخذ رأيه لأنه الأخ الأكبر أو الأخت الكبرى.

٣- التركيز على طلب المساعدة لأنه الأخ الكبير أو الأخت الكبرى.

٤- الحديث عن المهام التي ينجزها الأطفال الكبار مثل التلوين وركوب الدراجة، اللعب بالكمبيوتر.

٣- البحث عن عبارات إيجابية

١- عند محاولة الطفل الغيور إيذاء الصغير، الطلب إليه بأن يجرّب طريقة الابتسامة، وتعزيز مواقف ذاتية عنده، أنت ولد جيد تحب أخاك ولا تضايقه، نحن نحبكما كثيرا.

٢- استخدام العبارات التعزيزية حتى عند ارتكاب الخطأ أو ملاحظة أي سلوك إيجابي يقرب الطفل الغيور من أخيه، فبادر فورا بتعزيز هذا السلوك.

٤- إعطاء وقت خاص للطفل الغيور

١- ضرورة تخصيص وقت خاص للطفل الغيور والحرص على قضاء هذا الوقت معه وحده.

أربعة عبارات تنهي مشكلة الغيرة

١- لعبنا دور الطفلة الصغيرة بما فيه الكفاية والآن جاء دور الفتاة الكبيرة.

٢- أنتِ الأخت الكبرى وتستطيعين أن تفعلي أمورا لا يفعلها الصغار.

٣- أنت فتاة ذكية – وتعرفين كيف تجعلين أختك تبتسم.

٤- هيا معي الآن – هذا وقت خاص لك وحدك.

خطوات علاج الغيرة بشكل عام عند الأطفال

الغيرة أسلوب تكتيكي يتبعه الطفل عادة لحماية تلك العلاقة التي كان قد بناها من خلال تعاملك معه استأثر بها لنفسه لذلك فإن علاجها يكون ضمن الخطوات التالية:

١- اطلب منه أن ينشد لأخيه الأصغر ذلك النشيد الذي سمعه وهي في نفس عمره حتى ينام، وهنا المشاركة مهمة جدا

٢- أعطه اهتماما أكبر ولا ننسى أنه لا زال يتعلّم منك كيف يتصرف فلا تتجاهل مشاعره.

٣- استغل حاجته لك وعلمه من خلال ذلك كيف يتعرف على نفسيته وشخصيته بشرح معاني الحب، الطاعة، الفرح وغيرها ببساطة متناهية.

٤- اهتم به أكثر عندما يكون حزينا وبين له ما هو الحزن أو الغضب وأن الأمر طبيعي جدا إلا أنه سيء.

٥- استغل الطاقة الكامنة داخله واطلب منه مساعدتك في ترتيب لعبه مثلا أو أن يحضر ملابس أخيه الصغيرة وسترى أنه يتقن هذا الدور فهو يقفز فرحا ويدخل السرور على أخيه الأصغر وعليك أيضا.

٦- خصص له وقتا للعب معه وحده يوميا وأن يكون في غير وقت الطعام وإن حدث طارئ وجعلك تلغي لعب ذلك اليوم فمن المهم أن تقول له إنك مشغول جدا وتعده بأن تلعب معه غدا ولا تنسى أن تفي بوعدك فذلك غاية في الأهمية.

٧- اطلب منه مغادرة مكان وجودك مع طفل آخر أو الابتعاد كأن تقول له اذهب والعب في الغرفة الأخرى.

مواقف صادرة عن شعور بالغيرة

١- الموقف الأول

ابنتك تحاول انتزاع لعبة من طفلة أخرى كانتا تلعبان بها معا

التصرّف الصحيح:

غيرّ مكان تواجدك مع طفلتك واذهبا لغرفة أخرى أو أخرجها خارج المنزل أو اعرض عليها لعبة أخرى أو حتى تناول طعام تحبه.

التصرّف غير الصحيح

تصرخ في وجهها فهذا يوصل رسالة مفادها أن مشاعرها اتجاه الآخرين سيئة وأن الطفل الآخر أفضل بالنسبة لك.

٢- الموقف الثاني

يعتري ابنك غضب عندما أبديت اهتمام بشخص آخر.

التصرّف الصحيح

اطلب منه أن يحضر قصته المفضلة وأن يسردها على مسمعك فهذا يشعره بالاهتمام.

التصرّف غير الصحيح

أن تقول له تصرّف كالكبار، أو أن تهمله فهذا يعزز لديه الشعور بالخوف من فقدان الاهتمام به.

٣- الموقف الثالث

حاولت ضم ابنتك وإذا بابنك يقترب منكما مفرقا بينكما حتى حل بينك وبين أخته.

التصرّف الصحيح

حاول ضم الجميع واطلب منهم فعل الشيء نفسه ثم كل يضم الآخر.

التصرف غير الصحيح

أن تتجاهله، فهو بحاجة للاهتمام أكثر من أي وقت آخر.

هل الغيرة أمر إيجابي:

الغيرة بحد ذاتها ليس بالشيء السيئ بل على العكس هي أمر إيجابي فمن الطبيعي أن تنمو مشاعر اتجاه من يحبه الطفل ويعتني به ويلازم هذه المشاعر نمو وازدياد في الحاجات وأصعب ما تكون الغيرة على الطفل عندما يولد له أخ آخر، فيراه يحاول تقليده في كل شيء وفي طلب الرضاعة من صدر أمه بعد أن فطم أو تبوله في ملابسه بعد أن تعدى مرحلة الطفولة.

وهنا نود طمأنة الأهل أن هذه المرحلة مؤقتة سرعان ما تمر إذا أحسنا التعامل معها.

٩- الألم:

الإنسان عندما يغضب يخاف ويحزن ويكره ويبكي ويغار ويتألم، والألم ليس لأسباب سيكولوجية نفسية بل فيزيولوجية عضوية، فيمكن أن يأتي بسبب جرح أو حرق والعطش أو البرد والحر.

والطفل المولود حديثا يتألم إما جوعا أو لألم عضوي كالمغص مثلا أو ألم في الأذن والتهاب جلدي بسبب عدم تنظيفه جيدا واستخدام مواد يتحسس فيها الجسم، وقد يتألم لضيق الملابس أو كثرتها، أو يتألم بسبب وجود حشرات كالبعوض والذباب والنمل والقمل، وإن موضوع الألم في حياة الطفل خطير جدا لعدة أسباب:

١- من الناحية الصحية قد تترسخ بعض الأمراض وتصبح مزمنة أو تودي بحياته.

٢- طريقة التعامل مع البكاء الذي يسببه الألم حيث يحاول الأهل إسكات الطفل ولا يبحثوا عن إزالة الألم، مما تجعله يتعود عادات سيئة حيث يبقى الألم أو مسببه موجودا

٣- عند الألم يحتاج الطفل إلى العاطفة ولا يحتاج إلى الحمل والهز والإسكات.

٤- عندما يتألم بسبب الإيذاء الجسدي من أخوه الأكبر.

هذه المظاهر من الألم عبارة عن مظاهر فيزيولوجية لم يدخل العامل النفسي في الألم مع تطور الإدراك التدريجي، فهو يشعر بالألم حيث تتكون لديه مسببات الحزن والغيرة أو الحقد أو الغضب.

فهو يتألم لفراق أمه أو أقربائه أو في حال الخلاف بين الزوجين ويؤدي ذلك إلى الطلاق لكن لا يلبث الجرح النفسي أن يندمل حتى يتأجج من جديد، إن كل أشكال الحرمان المادي والمعنوي تسبب ألاما نفسية شديدة

عند الطفل، كما أن الآلام كثيرا ما تختلط على الطفل والأهل فلا يمكن عندها التمييز بـين الألم الجسدي الفيزيولوجي والألم النفسي السيكولوجي، حيث تؤدي بعض الآلام النفسية إلى أعراض جسدية من الألم أو العكس.

ويتألم الطفل في هذه المرحلة المبكرة من طفولته بسبب بعض الإصابات التي تأتيـه من خارج جسمه كالصدمات التي يسببها مـن حولـه مـن الكبـار أو الصغار الـذين يكون انتباههم ووعيهم أقل نضجا.

أسباب الألم بعد سن الثانية والثالثة:

١- السقوط والارتطام بالأرض والأشياء ووقوع جسم على أحد أطرافه.

٢- إغلاق الشباك أو الباب على أحد أصابعه.

٣- وضع مسامير حادة في مفاتيح الكهرباء المنخفضة.

٤- الألم من وسيلة النقل والأحوال الجوية المرافقة.

٥- جلسة الطفل غير المريحة وغير مناسبة.

٦- اللعب وأخطاره.

٧- إيذاء الطفل من قبل زملائه.

٨- العقاب من الوالدين أو المربية.

٩- الألم بسبب فراق ما يحبه الطفل.

هذه أهم أشكال الألم التي يعاني منها الطفل في البيت، ويكون دور الأهل محصورا في معرفة مسببات الألم وإزالتها، وشرح أخطار كل مسبب للألم والطريقة المثلى للتعامل معه.

كما أنه لا بد من تعويد الطفل أن يقيِّم الألم تقييما موضوعيا يمكن أن يوافقه عليه الآخرون وعدم إعطاء أي شكل من أشكال الألم حجما يزيد كثيرا عن حجمه الحقيقي فيكون متهورا.

١٠- مشكلة التوائم:

يعتقد كثير من الأهل أنه تجب المساواة المطلقة بين التوأمين حتى لا يشعر أحدهما بالتمييز والتفريق وبالتالي بالظلم، فتراهم يوحدون اللباس والألعاب إضافة إلى الطعام والنقود والمعاملة.

وهذا بمنظوري مبالغ فيه فالأصل أن لكل توأم مواصفات وخصائص تختلف في الأمور المورثة عن توأمه الآخر.

ثم التربية والبيئة والظروف المحيطة لها أثر في شخصية الطفل ومشاعره وأحاسيسه لذا تبدو الفوارق بالاتساع بين التوأمين مع مرور الزمن واكتساب الخبرات لذلك ينصح أهل التوائم بعدم المبالغة في افتعال المساواة بين التوأمين فلا مانع من تعويدهما تبادل الألبسة والألعاب مما يعمق الحب والتعاون ويبعد عنهما الشعور بالتمييز والتفريق في المعاملة.

أما في مجال العطف والحنان، فإن ما في القلب لا يعلمه إلا اللـه وقـد يكـون أحـد الوالدين لأحدهما حبا يزيد عن حبه للآخر لأسباب كثيرة، أمـا المشـاعر الظاهرة، إن كانت قبلة أو مسحة على رأس الطفل أو بسمة أو مكافأة مادية فهنا يجب عـلى الوالـدين الحـذر في التعامل الظاهر وبخاصة في مجال التوائم لأن التبرير سيكون صعبا من قبل الوالدين.

إن المعاملة الظاهرية للتوأمين يمكـن أن تكـون أكـثر سـهولة عنـدما يكـون التوأمان مختلفين في الجنس بينما تكون أكثر صعوبة عندما يكونا من جنس واحد لذا على الأهل أن يقوموا بما يلي:

١- عدم ترسيخ فكرة التطابق في الطعام واللباس والألعاب، بـل يجب أن يكـون هنـاك حوار بين الأب وولديه أو أحدهم الذي يشـعر بالضيق بسـبب التفريق بينـه وبين توأمه.

٢- قد يشعر الأهل بحالـة المسـاواة المطلقـة بـين التوأمـين براحـة تامـة وعـدم اعـتراض التوأمين لكن هذا الشعور لن يستمر لزمن، فكلما كبر التوأمين زادت بينهما الفوارق، مما يؤدي إلى الشعور بالإحباط والفشل في بناء الشخصية لكليهما.

٣- لا بأس بالتمسك بالمساواة في بعض الحالات إذا كان التوأمين من النوع الغيـور فمن الضروري أن تكون المساواة هنا ولا مانع من حوار التوأم الغيور أو المشاكس للوصول معه إلى أدنى درجات التسامح.

الفصل الثاني

الأسرة السعيدة

الأسرة والعيد العائلي

إن عملية التربية صعبة ومعقدة، وأننا كآباء وأمهات يجب أن نحافظ على أطفالنا ونبذل قصارى جهدنا لتأمين حاجاته في الفرح واللعب والغذاء والدواء والكساء والمسكن الصحي.

ولابد من توفير الغذاء العاطفي وكذلك ما أمكن اللعب مع الأطفال وإثارة جو من الفرح والسرور ولا بأس من عمل عيد للأسرة أو للعائلة، تتخلله ضحكات وأوقات رائعة واقترح لحفل العيد العائلي أن يبتسم الجميع فيه وتضيف إليه طابعا مميزا بحيث تنشر في أرجاء المنزل الراحة والسعادة وتثير في النفس البهجة وتقوي العلاقات الأسرية وجعلها أكثر ترابطا.

١- تزين المنزل بالبالونات أو أعمال يدوية من صنع الأطفال كالفوانيس الورقية وورق الزينة.

٢- إحضار هدية يقدّمها كل طفل للآخر في هذه المناسبة.

٣- عمل برنامج للحفل يشتمل على فقرات منها ألعاب للتسلية مثل لعبة البالونات.

أ- لعبة البالونات: تنفخ البالونات، ويتجمع الأطفال ويتم ربط البالونات الملونة بأقدامهم ويتنافس الأطفال على (فرقعة) البالونات بأقدامهم بحسب اللون المشار إليه، والذي يستطيع الإبقاء على أكبر عدد من البالونات مربوطة بقدمه هو الرابح.

ب- لعبة العيون: مجموعة من الأطفال يتم اختيار أحدهم لتُعصب عيناه بشريط ناعم يبحث الطفل وهو معصب العينين عن رفاقه فإذا أمسك بأحدهم يوضع الشريط على عيني الممسوك وهكذا يبدأ يبحث عن أصدقائه.

ج- البحث عن الكنز يقوم الأب بإخفاء هدية مغلقة في ركن من أركان المنزل ويقوم الأطفال بالبحث عن الهدية، وعندما يكون الطفل قريب من الهدية يقال حار (حامي) وعندما يبتعد يقال بارد، ومن يتمكن من إيجاد الهدية فهي له.

د- لعبة الكرسي: مجموعة من الأطفال يكون عدد الكراسي أقل من عدد الأطفال بواحد، يتم تشغيل نشيد ويدور الأطفال حول الكراسي وعند الانتهاء من النشيد يتنافس الأطفال على الجلوس على الكراسي بحيث يبقى طفل واحد ويخرج خارج اللعبة، ويتم إخراج كرسي فيصبح عدد الأطفال أكثر من عدد الكراسي ويتم تشغيل النشيد ويقومون بما سبق حتى يبقى واحد بعد أن يخرج الجميع ويكون هو الرابح.

٤- تناول وجبة طعام مميزة يرغب بها جميع أفراد الأسرة، ثم توزيع مجموعة من الفواكه على الأطفال.

٥- وتناول طبق من الحلوى المعد بالشوكولاته أو كنافة وما يرغبه الأطفال ولا بأس من تقديم حلوى مثلجة إن كان الطقس حارا، (جلي، بوظة).

٦- تقديم وجبة مرحه في أثناء الحديث مع الأطفال والأسرة وتبادل الـذكريات ولا بـأس من تصوير الأحداث من بدايتها على كاميرا فيديو لتبقى ذكرى سعيدة في الأسرة.

٧- تبادل الهدايا بين أفراد الأسرة، ولا بأس من مشاهدة شيء يرغبونه في شريط فيديو مناسب.

الأب المثالي

القواعد تصل قمة الأهمية حين تصبح معيارا ذاتيا يميّز به الطفل بـين الحـق والباطـل والصواب والخطأ، والحلال والحرام، وطريق تحقيق ذلك الحوار والإقناع، وفي الوقت نفسـه تكون مدمرة إذا فرضت بالعنف والقوة والأوامر الكيفية والنواهي غير المبررة، حيـث تـرغم الطفل على الكذب والادعاء، وتجعل دافع السلوك لديه خوفا من عقاب أو طمعا في ثـواب سأقدم لك من خلال هذا الكتاب أيها الأب ثلاث عشرة قاعدة تربوية (قواعد المحبة) لـتكن أبا مثاليا وليكن منطلقك محبة الأبناء والحرص على إصلاحهم، وهذه القواعد هي:

١- لا تنه إلا لضرورات موضوعية.

٢- لا تجعل العوامل الذاتية المرتبطة بمزاجك الشخصي دافعا للنهي كأن تنه الطفل عـن ممارسة حقه في اللعب لمجرد أنك متوتر الأعصاب.

٣- لا تجعل ابنك مجالا لإفراز توترك والتنفيس عن معاناتك بكثرة النواهي.

٤- لا تنطلق من دوافع انتقامية.

٥- لا تنقل إحباطات طفولتك لأبنائك.

٦- لا تجعل علاقتك بابنك علاقة الأعلى بالأدنى والأقوى بالأضعف.

٧- إذا نهيت عن أمر فتمسك به حتى تعلم ابنك حسن الانضباط والاهتمام.

٨- حاول -كلما نهيت عن أمر- أن تضعه في قالب الحرص على سلامة الطفل لتمنحه شعور بالأمن والأمان وتبدد هواجسه.

٩- اشرح سبب النهي: لا تلعب بعود الكبريت حتى لا تحترق.

١٠- حاول ما تراه سلبيا إلى إيجابي، تخريب أثاث البيت يحوّل إلى ألعاب الفك والتركيب وكثرة الحركة إلى الرياضة المنتظمة.

١١- لا تصرخ وترفع صوتك وأنت تنه وتصدر الأوامر له فالطفل سيتعلم الابتعاد عن الأشياء التي لا ينبغي له الاقتراب منها بالتعليم المتدِّرج وليس بالصراخ في وجهه، إن الكبار عندما يصرخون في وجه الأطفال لا يفعلون أكثر من توجيه الدعوى للطفل لأن يتحدى أكثر وأن يستمر في السلوك السيئ أكثر.

١٢- احرص على عدم إثارة التناقضات في حياة الطفل، لا تحدثه على مضار التدخين وأنت تدّخن، وعاقبة الكذب وتأمر أحدهم بالرد بأنك

غير موجود بالبيت فإذا نهيناه عن أمر ينبغي أن تكون أول المبتعدين عنه.

١٣- تعلم فن النهي: من الأخطاء الشائعة عند الآباء أنهم ينهون كزعماء نصبوا أنفسهم للأمر والنهي، وعلى غيرهم الخضوع والطاعة فثمةفرق شاسع بين أن توجه لابنك إياك أن تفعل- لا تفعل، وأتمنى أن لا تقوم بهذا الشيء كم هو جميل ألا يكون المرء مدخنا، والأسلوب القرآني فريد في تعليم هذا الفن.

تأثير الأب في تطور شخصية الطفل:

يزداد تأثير شخصية الأب الإيجابية مع مراحل نمو الطفل الجسمانية والنفسية والعقلية والعاطفية خلال السنوات الست الأولى من عمره، ومن هنا تأتي أهمية النموذج الأبوي في تشكيل سمات شخصية عند الطفل من قدرات لغوية، نشاطات عضلية مهارات اجتماعية، ثقة بالنفس وفهم الناس من حول الطفل والقدرة على التفاهم معهم.

إن أهم ما يلفت نظر الطفل هي النشاطات العملية، فالخروج من البيت في مشوار قصير إلى البقالة، ومراقبة السيارات والمشاة قد يستمتع بها الطفل أكثر من حبة الشوكولاته، ومن هنا تأتي أهمية تعريض الطفل لتجارب اجتماعية خارج نطاق الأسرة لأن الذي سيعلمه الكثير عن الحياة وما يدور حوله من تعاملات الناس، كما سينظم غرائز الخيال عنده ويطور قدرته على

التفريق بين الواقع والخيال، لذا نجد أن الأطفال يحبون تجربة الأشياء بأنفسهم.

إن وجود دور واضح للأب في التربية بحيث يؤثر بشكل كبير على صقل الاستقلالية والاعتماد على الذات منذ هذه السن المبكرة.

ولنركز على سن معين وهو سن السادسة حيث تطور قدرة الطفل في عمر السادسة على التركيز لفترات أطول ويكون للتشجيع في المدرسة الدور الكبير على تدريب الطفل على التركيز والانضباط عند أداء مهمة معينة ما يطور عند الطفل الرغبة في التعلم وإنجاز المهمات الموكلة إليه، إن سماح الأب للطفل بالمشاركة في أعمال التركيب أو الصيانة البسيطة المنزلية تعلّمه أن له دورا ومسؤولية في محيطه، وتقلل من مشاكل عدم الاكتراث واللامبالاة في سن المراهقة لاحقا.

يحب الأطفال في هذه السن وضوح الأوامر والقوانين لذلك قد يشعرون بالارتباك الشديد إذا ظهر أصدقاؤهم أو إخوانهم ما يناقض قوانين الوالدين، حاول أن تظهر التفهم والتقبل لارتباك طفلك، واشرح له أهمية هذه القوانين وأن الصغار يجب أن يتعلموها تماما كما تعلمها هو.

تزداد فرص طفلك في التعرف على أطفال بعمره في المدرسة، فيزداد عدد الأصدقاء واحتكاكه بهم مما يزيد من تعرضه لتجارب تقوي من مهاراته الاجتماعية كالتعاون والمشاركة والتفاهم والتعامل مع الاختلاف وفهم

احتياجات غيره من الأطفال والتواصل اللغوي، ما يقلل من شعوره بالضيق لأنه يفهم كلام أصدقائه وهم بدورهم يفهمونه ويتجاوبون معه وبالتالي تقلل مشاكل العنف والمشاجرة بينهم، أما عن الصداقة فالبنات يفضلن اللعب مع مثيلاتهم من البنات والأولاد مع الأولاد، وتتطور قدرة الطفل شيئا فشيئا، فوجود الأصدقاء شيء مهم جدا فالصديق هو الذي يوافقه في اللعبة التي يلعبها اليوم، وإن اختلف معه يختار صديقا آخر.

وهنا يستطيع أن يتدخل الأب في تعليم الطفل كيفية التعامل مع اختلاف الرأي واحترام خصوصية الآخر، وكيفية السيطرة على النفس، لأن الطفل يرى الأمور من منظاره الشخصي، ومن المفيد جدا أن يتكلم الأب مع طفله ويوضح له أهمية فهم أصحابه وكيفية التغلب على الغضب، ويجب التأكيد على أهمية النموذج الذي يعلمه الأب لطفله، فإذا كان من النوع الذي يظهر عصبيته في البيت بالصراخ والشتائم أو الضرب، فهذا بدوره هو ما سينقله ويعلمه لطفله من عدم القدرة على السيطرة على الغضب والانفعال.

المدرسة مكان يبدأ فيه الطفل بعمر السادسة بتكوين نظرة عن ذاته من خلال فهمه لما يحصل معه، وتأثير شخصية الأب الحنون المتفهم الذي يقضي- الوقت الكافي مع طفله، تنعكس كثيرا في تطوير النظرة الإيجابية، والواقعية للذات، كما أنها تعود الطفل على احترام نفسه، من خلال تشجيع أبيه

ومديحه لسلوكياته الإيجابية وإنجازاته سواء على صعيد التعامل مع أصحابه أو أخوته كمساعدته لوالدته في البيت أو إنجازاته في المدرسة، فالتواصل الفعّال بين الأب وأطفاله وخصوصا في هذه السن، يعزز في الطفل شعوره بمميزاته وقدراته ما يزيد من ثقته بنفسه وقدرته على التعلّم من أخطائه.

شجع طفلك على أن يكون مستقلا وذلك من خلال إعطائه بعض المسؤوليات للقيام بها، كأن يساعدك ويساعد الأم في الأعمال اليومية المنزلية ومن الأمثلة على الأمور التي يستطيع طفل السادسة إتقانها ولن تشكل تحديا كبيرا لقدراته.

١- اجعل طفلك ينظف سلة المهملات.

٢- يساعدك في غسيل السيارة.

٣- ينظف المائدة وبعدها عند الوجبات.

٤- يرتب ألعابه في غرفته وينظفها ويعلّق ملابسه.

٥- يساعد في حمل المشتريات من البقالة.

٦- دعه يساعدك في سقاية النباتات في الحديقة.

٧- شجعه على ترتيب حقيبته وكتبه في مكتبته.

سحر اللمسة والرابط العاطفي فيها

إن لمسة الحنان والحب لها قدرة عظيمة في بث السعادة والراحة والطمأنينة في نفس الطفل، وهذه اللمسة لها عميق الأثر على سلامة الطفل

النفسية والعقلية والجسدية والروحية، لما لها من تأثير في تقوية الـرابط العـاطفي بينهمـا، ولا تزال للأمومة والأبـوة قيمـة عظيمـة في مجتمعنـا، كـما أن الاستعداد لهـا يعتبر مـثمارا للفرحة والتشويق والرغبة عند الكثيرين، وتعد السنوات الأولى من عمر الطفل الأكثر أهمية في حياته لأنه يشهد فيها تطورات عاطفية وعقلية سريعة وتغيرات جسـمانية كبـيرة، يتلقـى فيها الكثير من المعلومات عن العالم من حوله، لاسيما تلك التي يتعلمها مـن أبويه الـذين يعتبران بمثابة المعلم الأول والمصدر الأساسي لرعاية الطفل.

علاقة الأخ بأخته

تراهم صغارا يلعبون معا وتقول لنفسك "ما شاء الـله ما أجمل منظرهم، ولكن هذه السعادة والتي تبدو أبدية سرعان ما تتغير وتتحول إلى تنافس ونزاعات وغيره، تعود لتسـأل نفسك، هل أخطأت في تربية أولادي، وتسـتمر تسـاؤلاتك حتى يكبر الأبنـاء وتبدو عليهم مظاهر النضج والاستقلالية، وتبقى دائم الحيرة فيما حدث مع أبنائك الـذين تقاسـموا ذات المنزل والعناية والحب والحنان.

تقـع عـلى عـاتق الأب والأم مسـؤولية تقويـة أواصر العلاقـة بـين الأخـوة ويجـب أن يتعاملوا بروية وحكمة في كل مرحلة من مراحل نمو الولد والبنت مع مراعاة:

١- الاختلاف في العمر.

٢- الاختلاف في الأفكار والميول.

٣- الغيرة أو الشعور بأن أحدهم مفضل لدى الوالدين أكثر من الآخر.

٤- تفوق أحد منهم على الآخر في الدراسة.

لذا يجب أن نغرس في الأخ أن يدافع عن حقوق أخته دون أن يتحكم بحياتها باستبداد، ولتعلم الأخت أن تكون صديقة لأخيها تنصحه وتخاف عليه وتحب له الأفضل فيكبرا بعلاقة أخويه حميمة لا يفرق بينهما أرض ولا ارث أو زواج ولنتذكر وصية الرسول صلى الله عليه وسلم لنا بأهمية صلة الرحم والحفاظ عليه.

وفيما يلي أهم الفروقات التي تشرح اتساع الفجوة بين الأخ وأخته كلما كبرا مما يقلل القدرة على التواصل والتفاهم بينهما.

الذكور	الإناث
١- تتمحور أولوياتهم حول القدرة والجدارة والاستقلالية والسلطة، لذا يسعون دائما لتحسين مهاراتهم بهدف إثبات الذات	١- تتمحور أولوياتهن حول الحب والتواصل والجمال والتعلّق والاستقرار العاطفي، ويمضين الوقت الطويل في تقديم المساعدة والدعم والمشاركة.
٢- يحددون هوياتهم من خلال إنجازاتهم	٢- يحددن هوياتهن في إطار مشاعرهن ونوعية علاقاتهن بغيرهن.

٣- تتأثر ميولهم وأهوائهم بالشخصيات القوية والأبطال الخيالين، من ارتداء الثياب كالجندي أو طريقة التعبير أو السلوك بما يعكس مهارتهم وكفاءتهم	٣- تتأثر ميولهن وأهواؤهن بالخيال العاطفي والمشاعر التي يحسسن بها، والتعبير الشخصي عن أنفسهن مهم جدا بالنسبة لهن.
٤- يضعون المشاعر على الهامش ويركزون على التنافس في التعبير عن قوتهم وتحقيقهم لأهدافهم.	٤- القدرة على الإدراك بالحدس وتقدير الأمور بشكل تحليلي، والمنافسة عندهن تكون في عمل الصداقات أكثر منها من إثبات القدرة.
٥- لا يؤمنون بالحاجة للتعبير عما يؤرقهم لغيرهم، ويطلبون المساعدة في حال عدم تمكنهم من حل مشاكلهم الخاصة، ويفتخرون بقيامهم لأعمالهم بأنفسهم.	٥- التواصل العاطفي مهم جدا بالنسبة لهن وتقديم المساعدة في أي وقت لا يعد ضعفا بالنسبة للإناث.
٦- يحتاجون إلا الإشادة بإنجازاتهم وبقدراتهم ليشعروا بثقة أكبر في أنفسهم.	٦- يحتجن إلى الدعم العاطفي وإظهار التقبل والحنان لهن حتى يشعرن بثقة أكبر في أنفسهن.

٧- تظهر قدرتهم على إظهار تعاطفهم مع غيرهم ضعيفة لأنهم غير قادرين على فهم وجه نظر الغير إن لم يتم الحديث عنها بصراحة	٧- درجة التعاطف مع الغير تكون أكبر منها عند الذكور فيشعرن بمن حولهن لأنهن أقدر على قراءة مشاعر الغير من الذكور.
٨- القدرة على ضبط الأعصاب تكون أضعف منها عند الإناث، وربما يعود إلى ما يتعلمه الطفل من الصغر عن النموذج الرجولي من حرية رفع الصوت والتعبير بعصبية عن النفس.	٨- تربي الفتاة على كبت غضبها وخفض صوتها، وهذا يدرّبها على التحكم بأعصابها وكما أن للإناث قدرة على التواصل والترويح عن النفس وتخفيف حدة المشاعر والثورات العصبية.

دور الأب في حياة ابنته

الأب والأم كأي رجل وامرأة يختلفان تماما في طريقة تفكيرهما وتصرفاتهما إزاء أي موقف يقابلهما.

فالرجل يفكر في الأهداف أولا، ما هي المهام التي يجب أن يقوم بها؟ وبالتالي فإن إقامته لأي علاقة مع شخص ما تتحدد ونتيجة للهدف الذي يريده، فالمرأة تريد أن تحقق هدفها بالاهتمام بمن حولها بالدرجة الأولى، على عكس الرجل فإن اختياره في علاقته بمن حوله دائما ما تخدم تحقيق أهدافه.

وكما أن الأب والأم مختلفان في طريقة تفكيرهما فإنهما يختلفان في نوعية وكيفية تأثيرهما في ابنتهما، نبدأ بدور الأب، فمن لحظة الولادة تحتاج البنت لأبيها كمصدر للأمان والثقة والتحدّي والسلطة والقوة وعالم العمل والمال وتوازن العلاقات وتحمّل المسؤولية والمخاطرة وتقييم الذات، وهذا يحتاج إلى اقترابها منه بصورة كبيرة، وقديما كانت علاقة الابنة بأبيها تحدد بصورة رسمية، فكان يسمح لها أن تجلس معه لحظات محدودة بعد أن يكون قد عاد من عمله منهكا وأخذ قسطا من الراحة، فتأتي لتقدم له التحية وهي في أبهى ملابسها ثم تبتعد من جديد، وكانت الأسر تفضل هذه الطريقة لتظل للأب هيبة وسلطة فتخشاه الفتاة أما الآن فقد اكتشف الآباء أن هذه الوسيلة تسرق من الابنة إحساسها بالأمان وتفقد الأب قدرته على أن يسوسها وليس هذا فقط، بل أن ذلك يؤثر في علاقتها مع أي رجل فيما بعد، وكلما ابتعد الأب عن ابنته كان همها الأول لفت انتباهه بحياء وطرق غير مباشرة.

يقول أحد الآباء: اكتشفت مكانا رائعا على الشاطئ، كنت أذهب هناك مصطحبا ابنتي أقرأ في كتاب، وأتركها لتلعب في الرمال وكانت تناديني لأنظر إلى ما تفعله فكنت أومئ برأسي ثم أعود للقراءة ولكنني تنبهت إلى صوتها الذي يزداد إصرارا، فتركت الكتاب جانبا وشاركتها الحفرة بناء قلعة رملية عالية وبعد ساعة نظرت إلى ابنتي فوجدت وجهها وعينيها تشعان سعادة.

هذا الأب أخطأ في البداية، فالابنة عندما كانت تذهب معه إلى البحر كانت تظن أنها ستحظى باهتمام والدها كاملا، ولكنها لاحقا شعرت أنه موجود بجسمه فقط، وهذا يشعرها أنها غير ذات أهمية، وتتساءل لماذا فقد اهتمامه بي؟ وكيف أكسبه من جديد؟ وما الذي علي أن أغيره في نفسي؟ وبالتأكيد هذه التساؤلات تقود الفتاة لعدم الثقة بنفسها، وهي المشكلة الأكثر انتشارا بين الفتيات والتي تبدأ بالظهور مبكرا تبعا لنوعية العلاقة بين الأب والابنة.

فدور الأب في حياة ابنته ضروري وعليه أن يعدل في التربية بين الجنسين فيكفي أن الابنة إذا أحسنت تربيتها كانت لك سترا من النار وتحاجج الابنة الصالحة ربها وتقول ربي أحسن تربيتي، سبحان الـله.

أساسيات الأسرة السعيدة

١- التفاهم ما بين الزوجين هو أساس نجاح العملية التربوية، وحل الخلافات بعيدا عن الأولاد.

٢- تطبيق أساليب التربية الحديثة معتمدين على الشرع القويم.

٣- التوجيه المستمر القائم على الحوار والإقناع.

٤- التوازن بين المكافأة والعقاب (التعزيز والتعزير) مع بيان سبب كل واحدة.

٥- تلقين الأبناء عبارات تخفف من الأسلوب العصبي قائمة على الأدب والاحترام مثل: لو سمحت – أرجو منك- من فضلك.

٦- إعطاء الأطفال قسطا من الاستقلالية والحرية المتابعة وتحقيق الذات وواجب اتجاه أسرته، واحترام رأيه والمشاورة له، والمشاركة الفاعلة له.

٧- استخدام الضرب للتأديب دون الإيذاء مع بيان السبب.

٨- مشاركة الأبناء في اللعب والتقرب منهم ومحاورتهم.

٩- اجتماع عائلي لتحدث عن أمور الدراسة والمنزل وبناء الخطط المستقبلية.

١٠- زرع الوازع الديني في قلوب الأطفال والحرص على تحفيظهم القرآن والأدعية.

١١- شـاركهم في مشـاريعهم ورحـالتهم وحـرص عـلى أن تكـون موجهـا بأسـلوب الحـوار والإقناع.

فن التعامل الأسري

جهل المرء ببعض الأمور قـد يمنعـه مـن محاولـة تغير نفسـه للأفضـل والجهل لـيس المشكلة لأنه متى تعلّم المرء الطريق و الأسلوب الذي يستطيع به التغير سينفذ ما تعلّمه.

هناك أربعة أسباب تمكنك من تغيير نفسك.

١- العلم – ضد الجهل.

٢- الإرادة والعزيمة – ضد اليأس والإحباط.

٣- الإيمان بالله – ضد الاستسلام والخنوع.

٤- تحمّل الأمانة والمسؤولية – ضد الإهمال واللامبالاة.

١- العلم.

إذا تعلمت الأم أن التجاهل في حالة الشجار مع ابنتها سيحل المشكلة لأنه بالتجاهـل ستختفي الإثارة في الموقف وبالتالي تخمد نار الشجار لأنه لا وقود لها، فإن الأم بهـذا تكـون قد تعلمت مهارة مكنتها من الحصول على نتائج فورية متمثلة في إنهاء الشجار.

٢- الإرادة والعزيمة.

إن التغيير نحو الأفضل ينبع مـن الـداخل ويتمثل في ضـعف العزيمـة والإرادة، فعنـد تغيير أسلوب الزوجة مع زوجها نحو الأفضل بحيث يقوم على الطاعة والاحـترام، فـإن ذلـك سيؤدي إلى نتائج أفضل المهم أن التغيير ينبع من الداخل ومحاسبة النـفس واحـترام الـذات، والتنازل لله سبحانه.

٣- الإيمان بالله يقوي العزيمة.

فضعف العزيمة علاجها الإيمان بالله، فالمؤمن القوي تقوى عزيمته وإرادته، فثقتك بالله تعالى، وأن اللـه لا يضيع أجر من أحسن عملا، سيدفعك لأن تحاول التغييـر بأمانـة ويكـون ضميرك الحكم، فأنت تفعل ما استطعت وتترك النتائج في يدي اللـه عز وجل وكلك ثقـة أن اللـه لا يضيع أجرك، وهذا الإيمان هو المقوي الوحيد للعزيمة والإرادة.

ودينا الإسلامي مليء بالطرق والأخلاق والأساليب التي تساعدنا في ذلك، ولكن للأسف كثير من الآباء لا يطبقون ذلك ولا يراعون الله في أبنائهم.

٤- الأبناء- مسؤولية وأمانة.

الأبناء مسؤولية وأمانة في أعناقنا سنحاسب على طرق تربيتنا لهم، ولا نحاسب على تصرفاتهم ونتائجها، ولكن من المؤسف أن نرى بعض الآباء المسلمين يفرطون في تلك الأمانة، فيعاملون أبناءهم بطريقة سيئة بالرغم من أن الدين الإسلامي ثري بالمعاملات الحسنة وطرق التربية والمبادئ الإسلامية الطيبة ولنا في رسول الله صلى الله عليه وسلم والأنبياء والصحابة القدوة الحسنة.

لنحدد الجوانب الإيجابية في المعاملات والسلوكيات والتصرفات فنداوم عليها ثم ننظر إلى الجوانب السلبية ونقاط الضعف لنصلح منها ما استطعنا.

أمور أساسية في التعامل مع طفلك وأنت تمارس أسلوب التربية الحديثة:

١- التشجيع وعدم توقع الكمال من الطفل.

٢- الحرص على أن يكون دافعنا للتقدم هو مرضاة رب العالمين وليس للتفوق على الأقران فهدفنا هو الصلاح وليس العلو في الأرض.

٣- الخطأ وسيلة مفيدة للتعلم فالخطأ لا يعني الفشل.

٤- لا يمكن تحاشي الأخطاء في أغلب الحالات والمهم كيف نتصرف بعد وقوع الخطأ تبعا لما يرضي الله ورسوله، قال رسول الله صلى الله عليه وسلم : كل ابن آدم خطآء وخير الخطائيين التوابون.

٥- من الضروري أن نعرف حدود قدرتنا وواجباتنا ولا نأخذ على عاتقنا إصلاح كل شيء في آن واحد، فخير العمل أدومه وإن قل.

٦- حسن الظن بالله لمواجهة التحديات في الحياة الصعبة.

سعادة ابنك من خلال حوارات مشتركة

إن هناك خمسة أنواع للحوارات تحدد سعادة ابنك أو تعاسته.

١- الأوامر، متى تستخدم الأوامر؟

أ- عند ميعاد النوم ب- الدراسة

ج- الأمور التي لا يوجد فيها وجهات نظر د- في الأمور الخطرة

وعليك أن تحرص أن تكون هذه الأوامر بصورة حسنة يتقبلها الابن.

٢- التوجيه متى نستخدم التوجيه؟

أ- عند التنبيه: تمر بالابن كثير من المخاطر المتعلقة بالدراسة والحياة الشخصية والأصدقاء وهنا لا مانع من التوجيه بجمل قصيرة.

ب- عند التصحيح: عندما يخطئ الابن في السلوك بلفظة أو حركة فتستخدم التوجيه.

ج- عند النصح: سواء كان مباشرا أو غير مباشر ويمكن النصح المباشر لمن هو في عمر الخامسة إلى التاسعة، لكن بعد التاسعة تستخدم التلميح والتنويه.

٣- التعاطف: والتعاطف له شقان.

١- مشاعر بلا حقيقة.

٢- حقيقة بلا مشاعر.

إذا أتي الطفل شاكيا وباكيا من مدِّرسة الذي عاقبه فإن أمه تحضنه وتبدأ في لوم المدرّس دون أن تسمع الحقيقة وتتوعد أنها ستذهب لتؤدب هذا المدرِّس وهذا التعاطف سلبي.

وعندما يكون التعاطف فقط حقيقة دون مشاعر تستمع الأم للحقيقة دون أن تشارك الابن أي مشاعر لا بالإيجاب ولا بالسلب وهذا النوع أيضا تعاطف سلبي.

متى يكون التعاطف إيجابيا؟

عندما تخفف بتعاطفك الضغط النفسي عن الابن يكون تعاطفك إيجابيا ويحتاج هذا منك استيعاب الموقف والاستماع إلى ملابسات الحادثة وطرح الحلول التي من شأنها أن تخفف من هذا الضغط النفسي.

ويمكنك أن تستخدم التعاطف للإعلان عن حبك لأبنائك فكلمات مثل (أنا أحبك) (ومشتاق لك) أو فرك الشعر والتقبيل والاحتضان كلها تعد

حوارات تعاطفية سواء كانت لفظية أو حركية، وننصح الآباء أن يمارسوها مع أبنائهم مهـما كبر سن الأبناء.

٤- الرواية

أحيانا يصاب الأبناء بالاكتئاب من كثرة المحاضرات والروايات والقصص مـما يـؤدي إلى الانعزال وربما سلوك سلوكيات سلبية.

متى وكيف نستخدم الرواية؟

استخدام الرواية يكون بشكل محدد وفي وقت مناسب للابن، فليسـأل الأب ابنـه هـل عندك وقت؟ أو هل تود سماع الحكاية الفلانية؟ وإن لم يكن هناك وقت نؤجـل الحكايات لوقت اجتماع الأسرة أو أثناء ركوب السيارة في طريقنا للمدرسة أو قبل الذهاب إلى النوم.

٥- حوار دون تحكُم

علينا كآباء أن نعطي الابن المعلومات اللازمة ليسـتطيع أن يختار في شـؤونه الخاصـة ويكون اختياره صحيحا، وهناك بعض الحالات التي نسمح فيها باسـتخدام أسـلوب الـتحكم الكامل، وذلك عندما يكون الابن يعاني مـن أزمـة نفسـية، فـلا يمكـن عنـدها أن نتركـه دون توجيـه وكـذلك المـريض الـذي يحتـاج إلى عنايـة دوائيـة فهـو يحتـاج للـتحكّم في الأوقـات والجرعة.

الطفل المبدع

كان رجل يقود شاحنة ويمر بها وسط المدينة، وتحت أحد الجسور حشرت الشاحنة، فقد كانت أعلى من المستوى المسموح، تجمّع العشرات ليساعدوا هذه الشاحنة للتخلص من هذا المأزق، وفجأة ظهر طفل واقترح أن يقللوا نسبة الهواء في عجلات الشاحنة، وهذا ما حدث فعلا وانتهت المشكلة، هذا الطفل هو من الأطفال الذين يملكون سمة (أديسون) فهو نظر على عامل من عوامل المشكلة لم يره غيره، لأنهم جميعا نظروا إلى ما اعتقدوا أنه متصل اتصالا مباشرا بالمشكلة.

صفات الطفل المبدع

١- يتميز الطفل بأنه يتوقع ما لا يتوقعه الآخرون، فهو يقوم فجأة بربط مدهش، فبداخله ناقد جاد ينظر إلى كل شيء بداية من أسخف الأمور وحتى أجلها، إنه مجدد مبتكر، ربما غير عبقري ولكنه يرى الأشياء العادية بصورة غير عادية، وهذا أهم ما يميز المبدعين.

٢- يتميز هذا الطفل بأنه يفكر بطريقة مستقلة، فهو يعتمد على أفكاره الذاتية فقط، وخاصة على غير العادي منها، فهو غير تقليدي وغير نمطي، بل مفكر مستقل لا يعتمد على أفكار الآخرين ليكون حكمه على الأمور التي تهمه، يقف بعنف لكل معارض لمعتقداته ويصمم على ما يقتنع به.

٣- يتميز هذا الطفل بأنه مثابر نشط مُصِّر، عندما يحرك هذا الطفل محفز داخلي تتكون لديه قوة عقلية مرعبة وهائلة، فإذا كان يعمل في مشروع ما فإن عقله تعصف به أفكار عدة، ويتولّد لديه تصميم وتشبث ومثابرة، يعمل لساعات فيما يشغل عقله ويبتكر طرق لتعدي أي صعوبات، فهو يحقق ولعه فيما يحب، أي أنه عندما يقوم بعمل من اختياره الذاتي فيتولد بداخله توجيه داخلي وحلول لكل المشاكل.

٤- يتميز هذا الطفل بأنه متنوع ومتعدد وانفعالي، فهو غير تقليدي وغير نمطي وهو متجدد فإذا بدأ بالحديث معك في موضوع يحبه فإنه يحلق بك في الخيال لساعات وينتقل من موضوع إلى آخر، وغالبا أن المستمع لا يجد رابطة بين تلك المواضيع ولكنه يجد الرابط.

٥- يتميز هذا الطفل بأنه لديه عقل جغرافي واسع، فهو يلاحظ ويقوم بردود أفعال لأشياء عديدة في وقت واحد، ولديه حاسة شاملة للأماكن التي يتواجد فيها، فإذا ذهب إلى أحد مجمعات التسوق، ومهما دار منها فإنه بسهولة يستطيع أن يعود إلى المكان الذي بدأ منه.

٦- يتميز هذا الطفل بأن لديه جدولا زمنيا خاصا به، فالوقت يمر عليه بطيئا عندما لا يقوم بعمل شيء ما، أما إذا قام بعمل شيء يحبه فإنه لا يشعر بالوقت ويكرس اهتمامه في الانتهاء منه بكل تركيز وتصميم.

٧- يتميز هذا الطفل بقدرته وحبه لابتكار الأفكار الجدية، ويحدث هذا بطريقتين، فبعض الأطفال يبتكرون ببطء بعد أن يحلموا ويهيموا في الخيال، والبعض الآخر كالقنابل الموقوتة إنهم يكتشفون منفعلون متوهجون، في الحالتين هم متقلبون وغريبوا الأطوار.

كيف ترسم ملامح شخصية ابنك؟

المولود المسلم يتميز عن غيره من أطفال العالم بسبعة أمور:

١- البشارة: فالمولود عندما يولد يبشر أهله بولادته ويشاع جو من الحب والود، سيؤثر في نمو الصغير نموا سليما في المستقبل.

٢- الأذان في الأذن اليمنى والإقامة في الأذن اليسرى وهنا تحدد عقيدة هذا الطفل فتجعل أول ما يقرع أذنه كلمات التوحيد، فتزرع في نفسه الاطمئنان والسكينة وترغم الشيطان على الهروب عند سماعه كلمات التوحيد.

٣- التحنيك: وهو أخذ قطعة صغيرة من الثمر توضع في سقف الحلق في فم الصغير، فيكون التمر أول غذاء سكري يدخل معدة الطفل ليساعده على عملية الهضم.

كما أن التحنيك يساعد الطفل على لقم الثدي وامتصاص الحليب بسهولة وتكمن أهمية الضغط على سقف حلق الطفل لأعلى في أثناء عملية التحنيك في إعطاء الفم شكله الطبيعي لتهيئة الطفل لإخراج الحروف سليمة من مخارجها الطبيعية عندما يبدأ في الكلام.

٤- اختيار الاسم الحسن: والاسم يظل ملتصقا بالشخص طوال حياته، لذلك عندما نختار اسما حسنا للمولود، فإننا نصون كرامته الإنسانية.

كما أن الاسم يشجع صاحبه على التخلّق بأخلاقيات اسمه، فنكون قد ساهمنا في تربية هذا المولود بشكل غير مباشر.

٥- العقيقة: والعقيقة هي ذبح خروفين للمولود الذكر وخروفا واحدا للأنثى والتصدّق بثلث هذا اللحم، ونبدأ حياة المولود بإتباع السنة.

٦- حلق الشعر: ورد عن ابن القيم قوله في أهمية الحلق بأنه أقوى للطفل في سمعه وبصره وشمه، كما أن الصدقة بوزن الشعر ترد المصائب والآفات (بإذن الله) عن هذا المولود.

٧- الختان (للذكر) عند المسلمين واليهود فقط هم الذين يختنون أبناءهم الذكور وثبت حديثا أثر الختان في الوقاية من الأمراض للرجال وكذلك يحفظ رحم زوجته في المستقبل من الأمراض.

متى يبتعد الطفل عن أمه (الاستقلالية)

بداخل كل طفل قوتان متساويتان، الأولى قوة الاتحاد بالأم والتكامل معها والثانية قوة الرغبة في الابتعاد عن الأم وتحقيق الاستقلالية.

الطفل يعلّم نفسه كيف يبتعد عن الأم، وعلى الأم أن تتبعه ولا تقف في طريقهِ في أثناء تخطيه تلك الخطوة التي تحوله إلى شخص مستقل ولا تعتبرها إعلانا لفشلها أو رفضها.

بعض الأبناء يظهرون نوعا من الخشونة يلجئون لأسلوب الصراخ في أثناء تلك الخطوة ولكن بدون أي علاج يعودون ثانية إلى طبيعتهم وكأنهم قد مروا بصراع داخلي لم يعلنوا عنه صراحة.

إحدى الأمهات تعبر عن هذه المرحلة التي مر بها ابنها في عامه الرابع عشر وتقول: كنت أشعر أنني أتعامل مع شخصين لهما نفس الشكل، لقد رغب في تعلّم القيادة وكان يساعدني بروح المسؤولية في بعض أعمال المنزل، وكان من السهل عليَّ التعامل معه كرجل، وفجأة وبدون مقدمات كنت أجده يتنازع مع أخته حول ألعابها الطفولية ويسألني أسئلة بلهاء ويطلب مني مساعدته في أعمال سهلة، وعندما استجيب لطلبه ينظر إليَّ بغضب ويقول لي، لا تعامليني كطفل.

وعلى عكس الحياة في السابق، فالأم الآن تجد أنه من السهل جدا انفصال ابنها عنها فليس أمامها بديل أخر، وعندما يبدأ الفتى إظهار ميوله للاستقلالية يبدأ الرجل بداخله ياخذه بعيدا، وذلك بمساعدته والدته ليقترب من والده شيئا فشيئا ليساعده للوصول إلى الرجولة.

ونحن لا نعني بهذا أن دور الأم انتهى، فالأم تبقى مؤثرا هاما في حياة ابنها ليس بالضرورة بالتعليم والمحاضرات بل بكونها طيبة أو شريرة، متفهمة أو قاسية إنها أيضا تعلّمه كيف يقيم علاقات مع الآخرين، وكيف يعبر عن مشاعره ويتعلّم منها كيف يحب وكيف يتلقى الحياء إنها تنمي لديه الثقة في العالم وفي نفسه، إنها تعلّمه الانتماء، إن علاقته بأمه غالبا ما تكون مثالا لعلاقاته بأي امرأة أخرى على مرور سنين عمره.

إن كل أم تقوم بما تظن أنه الأفضل لابنتها والأفضل للابـن أن تتواجـد الأم في حياتـه حتى يظهر هو رغبته في السير في طريق الرجولة، فتمسك هي بيده وتعطيها لوالده وتعـود هي خطوة إلى الخلف.

تدليل الابن المراهق

إن مرحلة المراهقة من أخطر المراحل التي يمر بها الإنسان، وتحتاج الأسرة تفهما كبـيرا للتغيرات النفسية والبدنية والانفعالية والعقلية والاجتماعية التي يمر بها الابن فمن صفات هذه المرحلة.

١- الاندفاعية وسرعة الاستثارة.

٢- حب الذات وحب جذب الانتباه.

٣- كسر القوانين ومخالفة الأوامر.

كيف تتعامل مع المراهق

١- التوقف عن معاملة الابن على أنه الابن الوحيد المدلل الذي لا يرد له طلـب، وعليهـا أن تعتذر عن تلبية طلباته وبخاصة الغير معقولة.

٢- تجاهل طلباته أو كلامه السلبي مع التأكيد على تجاهله هو كشخص.

٣- تحويل مشاعرها إلى فعل أو كـلام وهـو مـا يسـمى بتنطيـق المشـاعر، تجلـس معـه وتشعره أنها حزينة على حاله، وأنها تدرك أنه غير مرتاح في هذا الوضع وهي تشاركه في ذلك وتشجعه على البدء في محاولة إيجاد حل لمشكلته.

٤- تتحدث إلى أصدقائه أو أقربائه الـذين يستطيعون تشـجيعهُ وإخراجـه مـن البيـت والمشاركة ببعض الأنشطة الاجتماعية والرياضية التي تخرجه من عزلته.

٥- الاستماع له والإصغاء إن جاء يريد الحديث ومحاوله حل مشكلاته بطريقـة حواريـة تشاركية.

كيف تجتاز ابنتك مرحلة المراهقة بأمان

تتعرض الفتاة في هذه المرحلة لعدد من الأعـراض الجسـدية، أمـا الأعـراض الجسـدية فتظهر في سن ٩ سنوات -١٣سنة وقد تتأخر إلى عمر ١٥ سنة وتتمثل في:

١- زيادة الطول والوزن.

٢- زيادة محيط الحوض.

٣- ظهور شعر العانة.

٤- نمو الثديين وبروز الحلمتين.

وبعد ظهور هذه الأعراض بحوالي ٢٤ شهرا يبدأ الطمث أو الحيض وهي فترة حساسة وحرجة من عمر الفتاة وتتطلب الاحتواء والرعاية لتتمكن الفتاة من اجتيازها بأمان.

ويتحتم على الأم في هذه المرحلة أن تقترب من أبنتها أكثر من أي وقت آخر توضح لها ما تتعرض له، وتحدثها عن أساليب المعاملة السليمة مع الجنس الآخر حتى لا تقع في المحظور نتيجة الجهل.

ومن المهم أيضا الاهتمام بالتربية الأخلاقية والنفسية حتى لا تكتسب الفتاة صفات وسمات يصعب تقويمها، ومن هذه السمات التي نرى اكتساب الفتاة لها هي:

١- العصبية: وقد تكون ناجمة عن تأثير الهرمونات وتتسبب في فقدان الفرد للمقربين له.

٢- القلق: وأسبابه غير معروفة، ويمكن التغلّب عليه بشغل الوقت والمشاركة في الأنشطة المفيدة.

٣- الغيرة: وقد تكون ناجمة عن التنافس الدراسي وتفاوت نسبة الجمال.

٤- الإحباط: وقد يكون ناجما عن الإخفاق الدراسي، أو فشل علاقات الصداقة أو التوتر الأسري.

٥- السلوك العدواني: وينتج غالبا عن الأساليب التي يتبعها الآخرون في التعامل مع الفتاة فتلجأ إلى التبرير والإسقاط والعدوانية.

ومع نزول الطمث يتعرض الجسد لعدد من التغيرات خاصة قبل بدء الدورة الشهرية تتمثل في:

١- انتفاخ الجسم والساقين والقدمين والبطن وزيادة في الوزن حوالي ٢ كغم.

٢- تورم الأثداء والشعور بألم فيهما.

٣- تغيرات نفسية في جوانب (النوم، الجنس، الشهية، والتركيز).

إضافة إلى حالات الاكتئاب والقلق والعصبية.

وتزداد هذه الأعراض بتقدم السن، وزيادة عدد مرات الإنجاب، وزيادة الضغوط الأسرية، وقلة ممارسة الرياضة، ونقص فترات الراحة وهبوط السكر، ونقص هرمون الغدة الدرقية.

الأغذية المفيدة للفتيات في مرحلة المراهقة، وتأثير نقصها في النمو

الغذاء	تأثيره على الجسم
١- الأغذية الغنية بالكاروتين (جزر، بندورة، بطاطا، سبانخ، مشمش، يقطين)	١- يعمل الكاروتين كمادة مضادة للأكسدة تقلل خطورة الإصابة بالسرطان وأمراض القلب.
٢- الحمضيات (الليمون، برتقال)	١- غنية بالأنزيمات التي تساعد على التخلص من المواد المسرطنة ٢-تقلل أكسدة الدهون وبذلك توقف تكوّن المواد المسرطنة في الجسم.
٣- الثوم، البصل، الكرات	١- التخلص من المواد المسرطنة ٢- تقلل نسبة الكوليسترول في الدم ٣- تقلل احتمال الإصابة بالجلطة
٤- الملفوف، المشمش، (أغذية تحتوي على الكبريت)	١- الوقاية من السرطان وبالأخص سرطان الثدي والقولون ٢- يساهم في انتاج الحمض النووي مما يمنع تكون السرطان وانقسام الخلايا.
٥- البقوليات (فول الصويا)	١- يقلل الإصابة بأمراض القلب. ٢- يقلل خطر الإصابة بسرطان الثدي والمبايض
٦- نخالة القمح (الشوفان، الشعير)	١- إذابة المواد المسرطنة. ٢- تمنع تحول النترات إلى مواد مسرطنة
٧- الفواكه (التوت، العنب، البرقوق)	١- تتحد مع المعادن وتمنع تكون مواد مسرطنة
٨- الحبوب (القمح، الذرة) الخضروات	١- تعمل كمواد مضادة للأكسدة مما يقلل من مخاطر الإصابة بالسرطان وأمراض القلب وأمراض تقدّم السن.

أعراض تأخر البلوغ

البلوغ لدى الأطفال له أعراض لا تخفي على الوالدين، ولكن تلك الأعـراض قـد تتـأخر في الظهور مما يدل على تأخر البلوغ لدى الأطفال، فما هو تـأخر البلـوغ وأعراضـه ونتائجـه وعلاجه؟

تأخر البلوغ: إذا لم تظهر أعراض البلوغ بعد سن الثالثة عشرـ للبنات وسن الرابعـة عشر للأولاد فهذا يعني تأخر البلوغ.

أسباب تأخر البلوغ

١- تأخر تركيب طبيعي، وهذا يمثل معظم الحـالات حيـث لا توجـد هنـاك أسـباب خلف هذا التأخير وعادة ما تكون هناك حالات مشابهة في العائلة وخلال سـنة أو سنتين تبدأ أعراض البلوغ في الظهور.

٢- الأمراض المزمنة مثل: (أمراض الجهاز الهضمي، أمراض الجهاز التنفسي)

٣- عدم وجود خلايا المخ الفارزة لهرمونات البلوغ.

٤- تلف في الغدة النخامية.

٥- أورام في المخ (الدماغ)

٦- مرض التلاسيميا.

٧- تلف الخصيتين أو المبيضين بسبب (التعرض للعلاج إشعاعي، أمراض فيروسية).

٨- ضمور الخصيتين أو المبيضين.

٩- عدم وجود الخصيتين أو المبيضين.

مشاكل تأخر البلوغ

١- تباطؤ في معدل النمو.

٢- عدم وجود النمو السريع في الفترة المتوقعة للبلوغ.

٣- عدم ظهور أعراض البلوغ الثانوية، وما لذلك من أثر نفسي سيئ.

٤- هشاشة في العظام.

التشخيص

إجراء فحوصات مختلفة وذلك إذا لم تظهر أعراض البلوغ للبنت بعد سـن ١٣ والولـد بعد سن ١٤ وهذه الفحوصات هي:

١- أشعة العظم لتقييم السن.

٢- الهرمونات المختلفة.

٣- الأشعة المقطعية للمخ.

٤- السونار للمبايض والرحم والخصيتين.

العلاج

العلاج الهرموني وذلك بعد معرفة السبب وغالبا ما تكون النتائج مقبولة.

كيف تحول ابنك لشخص ناجح اجتماعيا بعد فترة المراهقة

عندما يبلغ المراهق سن السادسة عشرة يصبح أكثر اسـتقرارا نفسـيا فيـدرك مـن هـو والأشياء التي يتقنها ونوعية الأصدقاء الذين يرغب بهم، ومن

يستطيع أن يعتمد عليهم، وعندما يصل الشاب إلى هـذه المرحلـة يكون قـد تطوّر بصورة كبيرة.

حتى الفتاة عندما تبلغ هذا السن تكون أكثر استقرارا، فتكون قد تغلبت عـلى الكثير من التغيرات الفسـيولوجية التـي صاحبت انتقالها لمرحلـة الشـباب، وبـدأت مشاعرها في الاستقرار وعليك أن تمنح ابنك وابنتك الفرصة للتعبير عـن مشاعرهم، واستمع لهم بكـل انتباه ولا تهزأ من أخطائهم مهما كانت وامنحهم الفرصة ليناقشـوك في المجتمع والسياسـة والحياة، وصحح ما تراه يحتاج إلى تعديل وشجع الأفكار البناءة.

في هذا السن المتأخر من المراهقة يصبح الأصدقاء أكثر ترابطا واعتمادا عـلى بعضـهم البعض، وهنا يشعر الابن بالأمان أكثر، ولكن هذا الأمان يعتمد على ظروف كثيرة مثل: تغـير مدارس الأبناء، وسفر العائلة للخارج لغرض تكملة دراسة الأب أو بعد الأصدقاء نتيجة تغـير السكن أو المدرسة، وهذا التغير كثيرا ما يسبب مشاكل داخليـة، فهـو يشعر في البدايـة أنـه إنسان غير مرغوب فيـه ولكن سرعان مـا يتغلب عـلى هـذه المشـاكل ويعـود ليندمج في مجتمعه ولكن لابد أن يكون الآباء بجانب الأبناء في هذه المرحلة يساندوهم ويساعدوهم على هذا الاندماج ويتفهموا شعورهم عدم الارتياح الذي قد يشعرون به في هذه الأثناء.

مهما كانت علاقتك جيدة مع أبنائك الكبار، فلابد أن تواجه بعض الاعتراض والرفض من الأبناء فبداية ظهور شخصيتهم وبلورة آرائهم قد تعترض مع آراء من حولهم، ويأخذ الاعتراض هنا صورة أكبر مما هو عليه عندما كان الطفل أصغر، فلقد كان يختلف مع والده على أداء الواجبات أو خروجه للعب خارج المنزل أو استعمال الهاتف.

ولكن في هذا السن المتقدم بدأ الخلاف على قيادة السيارة أو السهر في الخارج أو نوع الدراسة الجامعية التي سوف يختارها، ويقف الآباء هنا ما بين مفترق طرق فهم يريدون من أبنائهم أن يكونوا أكثر اعتمادا على أنفسهم وأكثر قدرة على تسير أمور حياتهم وفي الوقت نفسه على الأب أن يدرك أن ابنه أصبحت لديه خبرة الكافية والحكم الصائب على الأشياء، وهناك عليك أن تترك ولدك ليختار ما يراه مناسبا ولكن وهو تحت مراقبتك الدائمة وغير المباشرة حتى لا يقع في خطر لا يمكن إصلاحه لاحقا.

وإذا أخطأ ابنك عاقبهُ ولكن بعقاب يتناسب مع الخطأ وليس أكبر منه.

متى تختفي الصداقة بين الأب وابنه

الصداقة بين الآباء والأبناء أحد المفاتيح الضرورية للحياة السعيدة في الأسرة وللطمأنينة يستشعرها الأبناء في سعيهم في الحياة والثقة في النفس التي تستمد من ثقة الكبار واحترامهم للصغار وهما معنيان لازمان بين كل صديقين، فلا صداقة حين تنعدم الثقة أو حيث يختفي الاحترام.

والأبناء لا يستطيعون السعي إلى طلب صداقة الآباء بل الأصل أنهم لا يدركون هذا المعنى وكثير منهم لا يتصورون إمكان قيامه في العلاقة بينهم وبين آبائهم.

فالابن ينظر إلى أبيه بحكم الفطرة الإنسانية كائن ضخم غريب ولكنه يطمئن إليه ويحبه ويسعى إلى حنانه ويبدأ باكتشاف العوالم العجيبة بأسئلة غريبة ودور الوالدين في صنع الصداقة مع الأبناء يبدأ منذ البواكير الأولى لعلاقتهما مع الأبناء، فالنظرة الحانية لبنة في بناء هذه الصداقة واللمسة المخففة للألم أو المشعرة بالشفقة لبنة في بنائها والكلمة الرقيقة في موضعها والتنبيه الحاسم حين يقتضيه الحال لبنات فيه.

ثم يأتي دور الصحبة التي يجب أن يطلبها الآباء ويرتبوا لها بحيث تبدو حالة طبيعية غير مصنوعة تنشئ صلة مستمرة رويدا رويدا إلى أن تصبح صداقة حقيقية يطمئن فيها كل صديق لصاحبه ويثق به ويخصه بما يكون بين الأصدقاء من نجوى ويستشيره أو يشير عليه في كل صغيرة وكبيرة، حتى عندما يكون قاسيا لا يريد إلا الخير لولده، وفارق التجربة والخبرة والسن بين الآباء الأبناء يجعل الآباء دائما في موقع الصديق الأكبر، ويضع عليهم مسؤولية استمرار تلك الصداقة وتنميتها وتوثيق عُراها وحمايتها.

الأب الذي يجعل ابنه موضع ثقته ومستودع سره، ويصنع من هذا الابن أبا ناجحا في المستقبل ويضمن استمرار القيم الصالحة التي غرسها والمبادئ الحسنة التي علمها لولده في الأجيال التالية.

ومظاهر علاقة الصديقين تختلف من سن إلى سن فهي في الطفولة تبدأ في الملاعبة وفي المراهقة تبدأ في الصبر على السخافات وسعة الصدر لمناقشة الأسئلة التي يظنها الآباء تافهة أو دالة على الحمق والغباوة.

وتختفي الصداقة بين الأب وابنه حين تكون العلاقة علاقة ندين لا يوجد فيها احترام، والاستقلال في الرأي، ولا حنان ومحبة، هنا تخشى أيها الأب فقدان الصداقة مع ولدك.

كيف نحدد مواقفنا من أبنائنا

ماذا نفعل إزاء تصرفاتهم الغريبة الشاذة التي يكتنفها الغموض؟ كيف يكون ردنا على ثوراتهم ومظاهر التمرد التي تبدو في الكثير من تصرفاتهم على تقاليد المجتمع وعلى أنفسهم في بعض الأحيان؟

إن مرحلة النمو عند الأطفال مشكلة، ولكنها ليست مشكلة بلا حل فهي وإن كانت من أعقد المشاكل التي يواجهها الآباء في حياتهم مع أطفالهم الذين كبروا فجأة وبدأت أذهانهم تتفتح على حقائق الحياة، لأنها يمكن أن تصبح من أبسط المشاكل التي لا تحتاج إلى جهد كبير، بقدر ما تحتاج إلى تروٍ وتفكير وصبر طويل، في سبيل حلها والتغلّب عليها وإزالة أسبابها.

١- كل شيء يتوقف على موقف الآباء وطريقة تفكيرهم وأسلوب معالجتهم لأمور أبنائهم، يقول علماء التربية أن الصراع يشتد بين

الآباء والأبناء في هذه السن التي يخطو فيها الشباب سريعا من الطفولة إلى المراهقة، وهو صراع حقيقي يتركز على احتياجات الآباء من ناحية واحتياجات الأبناء من ناحية أخرى، والآباء يريدون أن يشعروا بأن أبنائهم في حاجة إليهم وإلى نصائحهم، إنهم يريدون أن يمسكوا بأيدي أبنائهم ليضعوهم على بداية الطريق الصحيح في الحياة ولكن الأبناء لا يريدون هذه المساعدة، إنهم لا يشعرون بحاجتهم لأحد إنهم يريدون أن يعيشوا حياتهم كما يشتهون.

٢- يلجأ الأبناء إلى آبائهم بحثا عن الدفء والحنان، فهم يريدون أن يشعروا في محنتهم هذه أن هناك من يحبهم ويعطف عليهم وينفعل لآلامهم ولكن هل يجب أن ينتظر حتى يضل أبناؤنا الطريق؟ لماذا لا نعمل على تجنيبهم آلام السقوط ونتائجه؟.

إن نسبة كبيرة من المشاكل التي يتعرض لها الأبناء في حياتهم في هذه السن المبكرة ترجع أساسا إلى سوء تصرّف الآباء وجهلهم بنفسية الشباب، أو إهمالهم لشؤون أبنائهم وانشغالهم عنهم بشؤون الحياة، وكأن وجود الأبناء قد جاء صدفة، ولم يكن هدفا أساسيا في أهداف الحياة وبناء الأسرة والمجتمع.

٣- هناك طراز من الآباء يتصفون بالأنانية، فقلما وجد الأبناء في كنفهم الاستقرار والطمأنينة التي ينشدونها في حياتهم في هذه السن المضطربة الحرجة.

٤- هناك حوارات فاشلة تقوم على الفرض والتحكّم من الآباء والمعاندة من الأبناء.

٥- أفضل وسيلة للتعامل مع الأبناء في هذا السن، هي أن نتركهم يتدبرون أمور حياتهم بأنفسهم وخاصة في مثل هذه المشاكل الصغيرة، وليس معنى هذا أن تحجب عنهم نصائحنا ولكن معناه أن نقدم لهم هذه النصائح ولكن بصورة أخف وقعا على نفوسهم، فلابد لنا أن ننصت إلى ما لديهم من اقتراحات وحلول أولا، ثم نسألهم بعد هذا عن رأيهم فيما لو حاولنا أن نحل المشكلة بطريقة أخرى، فالشباب في هذا السن يقدروا الرأي الجديد الصائب الذي حاول عبثا أن يصل إليه، ثم وجده يخرج من بين شفتي والده.

٦- يستمع الأب في هدوء إلى آراء ابنه، أنه قطعا لا يؤيد هذا الرأي السخيف الذي يجاهر به الابن، وربما شعر بالغضب وهو يستمع إلى هذا الشعور العدائي الذي يملأ نفس هذا الشاب الصغير الذي مازال يقف على عتبة الدنيا، فلا داعي هنا إلى التجريح ولا التقريع أنما التوجيه.

٧- الأب العاقل يستمع إلى حديث ولده باهتمام وبناء مبدأ الحوار والمناقشة والاقناع التي تساهم في تنمية شعور الابن نحو أبيه بالاحترام أو الحب.

٨- الفتاة أكثر حساسية من الشاب في سن المراهقة، وكما يريد الشاب أن يثبت رجولته عن طريق تصرفاته ومناقشاته في شتى أمور الحياة كذلك الفتاة فهي تريد أن تؤكد أنوثتها، تريد أن تشعر هي بأنها

كبرت وأصبحت امرأة وواجب الأم أن تحاول بشتى الطرق أن ترضي هذه النزعـة الطبيعية عند الفتاة فال تنتقد طريقة اختيارها لملابسها أو تزين وجهها وشـعرها، إلا إذا جاوزت حدود الحشمة.

٩- إن المعركة بين الآباء والأبناء، معركة حقيقية وهـي معركـة فكريـة في المقام الأول معركة بين جيل قديم وجيل حديث، جيل ناضج وجيل ناشئ فإذا اسـتطاع الآبـاء أن يسـدوا الفجـوة وأن يهبطـوا بمسـتواهم الفكري إلى مسـتوى أبنـائهم الـذين يبحثون عن العلم والمعرفة في كل ما يحيط بهم، وكل مـا تصـل إليـه أيـديهم مـن ينابيع المعرفة فهم قد نجحوا في أن يرفعوا من مستوى أبنائهم الفكري ونجحوا في تقريبهم إليهم ونجحوا في أن يجعلوا منهم أصدقاء لهم.

وإذا توطدت الصداقة بين الآبـاء والأبنـاء زالـت الحواجز المصـطنعة بيـنهم وتلاشت احتمالات السقوط والانحراف.

كيف تقود الأم الأسرة

لابد من معرفة أسباب تولي الأم قيادة الأسرة فهي:

١- عدم وجود رغبة من قبل الزوج في تحمل المسؤولية.

٢- انشغال الزوج بالسفر المتواصل والأعمال الكثيرة.

٣- انشغال الزوج بأصحابه وعلاقاته الاجتماعية.

٤- ثراء الزوجة وقوة شخصيتها مع ضعف الزوج.

٥- الظروف المحيطة بالزوج من أيام الخطبة وليلة الزفاف وما ينجم عنها من مواقف قد تؤدي إلى استسلام الزوج.

تتمثل قيادة الأم الأسرة في:

١- القيادة في تحمل المسؤوليات (السوق، الطبيب، توصيل الأبناء إلى المدرسة).

٢- القيادة في تحمل المسؤولية والقرار والإنفاق (تتخذ قرارات حاسمة بشأن الأسرة).

٣- القيادة بالقرار فقط وهنا لا تتحمل الأم أي أعباء ولكن قوة شخصيتها وعـزوف الأب يجعلها تتخذ القرارات في الأسرة.

الحياة من وجهة نظر الأطفال

١- أمتع اللحظات هي التي أعيشها مع أمي ونحن نلعب ونخرج معا وتعطيني مـن وقتها الكثير.

٢- أغار كثيرا حين تأخذك مشاغلك عني، ضعني في السريـر وتحـدثي معـي قلـيلا ثـم انشغلي بعملك.

٣- أنت متميزة لأنك تعرفين كيف تضفين المتعة والبهجة على حياتنا.

٤- أكثر ما أحبه فيك يا أبي أنك صبور، لا توبخني رغم إزعاجي لك، تعـاملني بـاحترام ومحبة.

٥- أنت تعاقبني على أخطائي وأنا أعرف أنني استحق العقاب، ولكني أتمنى مثلما تعاقبني على إساءتي أن تكافئني على إحساني، فتشجيعك خير معين لي في مرحلة الطفولة والمراهقة.

٦- أبي أنني أقدر جهدك في توفير حياة كريمة لنا لكن لا تنشغل عنا بالعمل وجمع المال.

شروط يجب توافرها في أي وسيلة عقاب تتبع

١- أن يكون واضحا للطفل السبب الذي يعاقب من أجله لأن العقاب يكون عديم الفائدة إذا لم يتضح له الفعل الذي اقتضى العقاب نفسه.

٢- يجب أن يكون العقاب رسالة تُفهّم الطفل بأن الفعل هذا غير مقبول وأن اللجوء إليه مرة أخرى سيؤدي إلى نفس العقاب.

٣- عدم الإكثار من استخدام العقاب لأتفه الأسباب حتى لا تفقد العقوبة قيمتها.

٤- يجب أن يحترم جميع أطراف الأسرة وبخاصة الوالدين العقاب الذي يقع على الطفل من أحدهما، فلا فائدة من العقاب الذي قد يوقعه أحد الأبوين ثم يقوم الآخر بإرضاء الطفل والأخذ بخاطره، لأن ما سيتعلمه الطفل في هذه الحالة هو كيف يستفيد من رقة قلب هذا الطرف.

٥- لابد من وجود نظام للمكافئة كما يوجد نظام للعقاب.

٦- ألا يكون العقاب هو الأهم لأن إرشاد الطفل وتعليمه هو الأصل.

٧- ألا تكون وسيلة العقاب تؤثر على كرامة الطفل وشخصيته.

أمور يجب تجنبها في العقاب

أ- الصراخ الشديد.

ب- تحويل الغضب بين الزوجين على الأولاد.

ج- الضرب المبرح الشديد.

مشكلة عزل الطفل في غرفة حتى ولو كانت مضـاءة هـي أنّ هـذه الغرفة تـرتبط في ذهن الطفل بالعقاب، بل أنه في أحيان كثيرة ترتبط هذه الغرفة في ذهنه بمفهـوم السـجن، وبالتالي فإننا نجعل مكانا معينا في المنزل مكروها من قبل الطفل ويكون الأمر أكثر سوءا لـو كانت غرفة العقاب هي غرفة النوم.

هل يقوم طفلك بواجباته بنفسه؟

إن جميع أفراد الأسرة يساهمون بلا شعور في زيادة الفوضى في المنزل فـالأب كثيرا مـا يدخل إلى البيت بعد العمل وهو يحمل الكثير من الأوراق، والأبناء يـدخلون ومعهـم أوراق المدرسة وواجباتهم، وأنت كمديرة للمنزل لابد أن تجدي مكانا لكل هذه الأشياء فلابـد مـن حل لهذه المشكلة.

١- أهم ممتلكات طفلك (الملابس والألعاب)

فإذا تمكنت أن تقومي بترتيب هذين الشيئين بتحديد المكان المناسب لهـما في غرفـة ابنك فقد تغلبت على أكبر مشكلتين تسببان الفوضى في الغرفة.

أ-   غرفة الطفل والألعاب:

١-   فلتكن هناك رفوف في الغرفة وفي ارتفاع موازٍ للنظر ورفوف أقل ارتفاعا منها.

٢-   خصصي أماكن محددة للألعاب الكبيرة.

٣-   صنفي الألعاب الصغيرة (تركيب، سيارات، عرائس) وضعي كـل مجموعـة في خاصة، وعند تخزين الألعاب لفترة طويلة يشعر الطفـل بالتجديد وكأنها ألعاب جديدة.

٤-   أفرغي مساحة للعب في منتصف الغرفة.

٥-   يمكنك استخدام حمالات الأحذيـة البلاسـتيكية لتعليقهـا خلـف بـاب الغرفـة ليضع الطفل الألعاب الصغيرة جدا عليها.

٦-   هناك قانونين مهمين يجب أن يتعلمها الطفل:

١-   لا تخرج لعبا جديدة قبل إعادة اللعب التي انتهيت منها إلى مكانها.

٢-   لا تخرج لعبا من الغرفة لتتناثر في جميع أرجاء المنزل.

ب-   غرفة الطفل والملابس

الكثير من الأطفال يجدون صعوبة في استعمال علاقة الملابـس الحديدية أو الخشـبية التي يعلـق عليهـا ملابسـه في الخزانـة ومـن الأفضل اسـتخدام العلاقـات الصغيرة السـهلة الاستعمال فهذا يشجع الطفل أكثر على استخدامها، كذلك يجب مراعاة وضع سلة للملابـس في غرفة الابن يضع ملابسه الغير نظيفة فيها ولا يلقيها في الأرض.

١- يفضل الإكثار من الأدراج والعلاّقات والرفوف في خزانة الطفل.

٢- يفضل وضع الملابس غير المناسبة للطقس في مكان بعيد والأخرى في متناول يد الأطفال الذين يحبون تبديل ملابسهم كثيرا.

٣- الأدراج الممتلئة تجعل عملية وضع هذه الملابس صعبة على الأبناء ويفضل أن يوضع بها القليل من الملابس.

وبما أن أطفال اليوم هم أمهات ورجال المستقبل لابد من تدريبهم على شيء من تحمل المسؤولية من أيام حياتهم الأولى ليجيدوا الترتيب، ومن أعمال المنزل التي يمكن تدريب الأطفال عليها هي:

١- أخذ الصحن الخاص به للمطبخ بعد الانتهاء من الطعام.

٢- وضع ملابسهم الغير نظيفة في السلة المخصصة.

٣- إعداد حقيبتهم المدرسية.

٤- ترتيب المكتب ووضع القمامة في السلة المخصصة.

٥- ترتيب سرير النوم.

٦- ري المزروعات وتنظيف الحديقة.

٧- مساعدة الأب والأم في حمل الأكياس.

الواجبات المدرسية

أهداف الواجبات المدرسية

١- تدعيم المادة التي تعلّمها الطفل في المدرسة.

٢- التدريب على مهارات اكتسبها في المدرسة.

٣- مراجعة مهارات ومعلومات ربما يكون قد نسيها.

٤- توسيع المعلومات الخاصة بالطفل.

٥- تعليم الطفل التنظيم وتحمّل المسؤولية

كيف يصبح الواجب المدرسي متعة؟

يقضي الطفل أغلب يومه في المدرسة، لذلك فهـو لا يريـد أن يرجـع إلى المنـزل ليجـد مدرسة أخرى في البيت، ولهذا هناك عدة نقاط لتخفيف عبء الواجبات على الأبناء منها:

١- عمل جدول يحتوي علـى وقـت للواجبـات ووقـت لوجبـة خفيفـة ووقـت للعـب بأشكال متنوعة.

٢- القراءة معا وإن كانت ليست من الواجبات، إلا أنه من الضروري أن يمارسها الأب والأم مع أبنائهما لأهميتها.

٣- مشاركة الأبناء في وضع الجدول الخاص بهم يوميا من الأمـور التـي تسـهل عمليـة الدراسة وتشعرهم بأهميتها.

٤- رسالة واضحة يجب أن يتعلمها الأبناء (الواجب مهم مهما كان مملا)

٥- إذا كان طفلـك يجـد صـعوبة في الجلـوس لمـدة طويلـة، قسـم الوقـت المخصـص للدراسة إلى فترات كل فترة (١٥ دقيقة) بينهما ٥ دقائق للراحة.

٦- قدّم الواجبات الأصعب أولا ثم الأسهل، وهذا يعتمد على تقبّل الطفل للمادة.

٧- عند مراجعتك لواجبات ابنك اجعل ملاحظاتك عامة، مثال عند قراءتك لفقرة كتبها ابنك أخبره أن بها كلمتين خطأ ودعه يحاول أن يكتشفهما وبهذه الطريقة تعلمه أن يراجع دائما ما يكتب.

كيف نجيب على أسئلة الأطفال؟

لا تتسرع كلما سألك ابنك عن سؤال أن تقدّم له الإجابة، ولكن انتظر واستخدم المهارات التالية:

١- شجعه على أن يبحث عن الإجابة بنفسه.

٢- قدّم له المساعدة في النقاط التي يجد فيها صعوبة فقط ولا تتبرع بحل جميع المسألة.

٣- اطلب منه أن يعيد شرح المسألة أو السؤال لك بعد أن فهم النقطة التي لا يعرفها.

متى تكون الواجبات المدرسية مشكلة.

١- عند عدم انتباه الطفل في الصف.

٢- عندما تكون عنده مشكلات تعليمية

٣- عندما يرفض إنجاز الواجبات للفت انتباه الوالدين له.

٤- عندما تكون مادة الواجب لم تدّرس بعد.

٥- عندما يكون الواجب غير واضح أو غير مناسب للطفل.

وقبل أن تتحرك لتبحث عن سبب مشكلة الطفل مع الواجبات تأكد من:

أ- أن طفلك ليس لديه مشكلة في السمع أو البصر.

ب- تحدّث مع مدّرسيه للتأكد أنه ليس مشاكل في تلقي العلوم في الفصل وأن مستواه الدراسي مناسب لعمره.

أسباب الرائحة عند الأطفال

ذكر ابن القيم رحمه الله آيات الله في رأس الإنسان هي ثلاث آيات:

١- النهر المالح وهو الدموع.

٢- النهر الحلو وهو اللعاب.

٣- النهر المر وهو الماء الخارج من الأذن.

وجعل لكل واحدة رائحة تختلف على الأخرى ولا شك أن العلم الحديث يؤيد هذه الحقيقة من عدة جوانب، أما الرائحة فلها مصادر كثيرة:

١- رائحة مصدرها الفم ولها علاقة قوية بالأسنان وتسوسها.

٢- قد تكون أيضا من لوز الأطفال وهي عرضة للالتهاب المتكرر، وحدوث فجوات ذات رائحة معينة.

٣- اللسان يبعث عدة روائح بسبب الطبقات البيضاء أو الميكروبات التي تغطيه.

٤- الرئتان قد تبعث فها روائح مميزة وخصوصا في حالات ارتفاع السكر فتظهر رائحة الأسيتون.

وبعض الروائح طبيعي ومقبول بين الناس وأخرى لابد من استخدام بعض المستحضرات لإزالتها كمستحضرات إزالة رائحة العرق.

ومن أجل رائحة عطرة

أولى ديننا الحنيف موضوع رائحة الإنسان اهتماما كبيرا فقـد راعـى الفطـرة البشريـة التي تحب النظافة والرائحة الطيبة ونجد ذلك واضحا في عدة جوانب فيها:

١- الاغتسال يوم الجمعة والتطيب والتبخر.

٢- من يأكل البصل والثوم لا يقرب المصلى.

٣- يجوز للمرأة طلب الطلاق من زوجها إذا كانت رائحة فمه كريهة.

٤- من عطايا اللـه للمؤمنين (روح وريحان وجنة نعيم)

٥- قول النبي صلى اللـه عليه وسلم (أحب إلى من ديناكم الطيب)

٦- قول النبي صلى اللـه عليه وسلم (إن اللـه جميل يحب الجمال).

٧- قبول الهدية بالطيب والبخور.

الفصل الثالث

التعامل مع الأبناء

فـــــن لــــه أصـــــول

ابنك هو سلوكك

إن إحساس الطفل بنفسه يأتي من خلال معاملتك له، فإن أنت أشعرته أنه (طفل طيب) وأحسسته بمحبتك، فإنه سيكون عن نفسه فكرة أنه إنسان طيب مكرّم، وإنه ذو شأن في هذه الحياة، أما إذا كنت قليل الصبر معه افتشعر بأنه طفل غير طيب، وتنهال عليه دوما باللوم والتوبيخ فإنه سينشأ على ذلك، ويكوّن فكرة سلبية عن نفسه وينتهي الأمر إما بالكآبة والإحباط أو بالتمرد والعصيان.

وإذا رأيته يفعل أشياء لا تحبها أو أفعالا غير مقبولة فأفهمه أن العيب ليس فيه كشخص، بل أن الخطأ في سلوكه وليس منه كإنسان، قل له "لقد فعلت شيئا غير صحيح "بدلا من أن تقول له (إنك ولد سيئ)

ومن الأهمية أن يعرف الوالدان كيف يتجاوبان برفق وحزم في آن واحد مع مشاعر الطفل، فلا مواجهة حادة بالكلام أو الضرب ولا مشاجرة بين الأم وابنها أنما بإشعاره بحزم أن ما قاله شيء سيئ لا يمكن قبوله، وأنه لن يرضى هو نفسه عن هذا الكلام.

ولا يعني ذلك أن يتساهل الوالدان بترك الطفل يغفل ما يشاء بل لابد من وجود ضوابط واضحة تحدد ما هو مقبول، وما هو غير مقبول، ومن حق

الطفل أن يعبّر عن غضبه بالبكاء أو الكلام، ولكن لا يسمح له أبدا بتكسير الأدوات في البيت أو ضرب أخوته ورفاقه.

لا يمكن للتربية أن تتم دون حب، فالأطفال الذين يجدون من والديهم عاطفة واهتماما ينجذبون نحو ويصغون إليه بسمعهم وقلبهم ولهذا ينبغي على الأبوين أن يحرص على حب الأطفال، ولا يقوما بأعمال تبغضهم بهما، كالإهانة والعقاب المتكرر والإهمال وحجز حرياتهم، وعدم تلبية مطالبهم المشروعة، وعليهما إذا اضطرا يوما إلى معاقبة الطفل أن يسعيا لاستمالته بالحكمة لئلا يزول الحب الذي لا تتم تربية دونه وليس معنى الحب أن يستولي الأطفال على الحكم في البيت أو المدرسة، يقومون بما تهوى أنفسهم دون ردع أو نظام، فليس هذا حبا، وإن حب الرسول صلى الله عليه وسلم لأصحابه لم يمنعه من تكليفهم بالواجبات وسوقهم إلى ميادين الجهاد، وحتى إنزال العقوبة بمن أثم وخرج على حدود الدين وكل ذلك لم يسبب فتورا في محبة الصحابة لنبيهم، بل كانت تزيد من محبتهم وطاعتهم لنبيهم، ويحتاج الأب كي يظفر بصداقة أبنائه إلى عطف زوجته واحترامها له، فالزوجة الصالحة التي تشعر أبناءها في كل وقت بعظمة أبيهم، وتقودهم إلى احترامه وحبّه، وتؤكد في أنفسهم الشعور بما يملك من جميل المناقب والخصال، وهي تقول للطفل (تمسّك بهذا الخلق فإنه يرضي أباك وتجنب ذلك الخلق فإنه يغضب ربك ثم يغضب أباك).

إذا أتاك ابنك ليحدّثك عمّا يجري معه في المدرسة، فهو يريد أن يقول ما يشعر به من أحاسيس ويريد أن يعبر عن سعادته وفرحه بشهادة التقدير التي نالها.

أعطه اهتمامك إن هو أخبرك أنه نال درجة كاملة في ذلك اليوم في امتحان مادة ما، شجعه على المزيد من أن يشعر أنك غير مبالٍ بذلك ولا مكترث لما يقول.

وأسوأ شيء في مدارسنا المراقبة المتصلة التي تضايق الطفل وتثقل عليه فاترك له شيئا من الحرية واجتهد في اقناعه بأن هذه الحرية ستسلب إذا أساء استعمالها، لا تراقبه ولا تحاصره، حتى إذا خالف النظام فذكره بأن هناك رقيبا، إن الطفل بشعر بدافع قوي للمحاربة من أجل حريته، فهو يحارب من أجل أن يتركه الأب يستخدم القلم بالطريقة التي يهواها، ويحارب من أجل ألا يستسلم لارتداء الجوارب بالأسلوب الصحيح والحقيقة الأساسية أن الابن يحتاج إلى أن تحبه وتحضنه لا أن تحاصره ويحتاج إلى الرعاية الممزوجة بالثقة ويحتاج إلى أن تعلّمه كل جديد من دون أن تكرهه عليها.

وكثيرا ما نجد الطفل يتلكأ، بل قد يبكي ويصرخ وعندما تطلب منه الأم بلهجة التهديد أن يذهب ليغسل يديه أو أن يدخل الحمام ولكن الابن لو تلقى الأمر بلهجة هادئة، فيستجيب بمنتهى الهدوء، فكلما زاد على الطفل

الإلحاح شعر بالرغبة في العناد وعدم الرغبة في القيام بما نطلب منه من أعمال.

وبعض الآباء يتفاخرون بأن أبنائهم لا يعصون لهم أمرا، ولا يفعلون شيئا لم يؤمروا به.

والبعض الآخر يتعامل مع أطفاله وكأنهم ممتلكات خاصة لا كيان لهم وآخرون يكلّفون أبناءهم فوق طاقتهم، ويحملونهم المسؤوليات ما لا يطيقون في كل هذه الحالات مغالاة وبعد عن الأسلوب الحكيم في التربية "وهو خير الأمور وأوسطها"، فمن الضروري التقليل من التوبيخ والرقابة الصارمة على الأطفال.

ينبغي أن تكون معاملة الوالدين ثابتة على مبادئ معينة، فلا تمدح اليوم ابنك على شيء زجرته بالأمس على فعله، ولا تزجره إن عمل شيئا مدحته بالأمس على فعله، ولا ترتكب أبدا ما تنهى طفلك عن إيتائه.

قواعد أساسية في تربية الطفل

أولا: إثابة السلوك المقبول الجيد إثابة سريعة بدون تأجيل.

يتعلم الطفل الكلام والاعتماد على ذاته باللباس ومشاركة الأطفال في التسلي باللعب، لأنه يتلقى الاهتمام، والإثابة من قبل الوالدين وأفراد الأسرة، والمحيط الذي يعيش في كنفه وإطاره.

ويقع على الوالدين بالدرجـة الأولى ممارسـة الإثابة كـنهج أسـاسي تربـوي في تسـيس الطفل والسيطرة على سلوكه وتطويره تطويرا سليما ومتكيفا.

لذا حين نود غرس عادات طيبة يجب أن نحاول مكافأة الطفـل عـلى إحسـانه القيام بالعمل بما يبعث في نفسه جانبا من الارتياح الوجداني.

فإثابة المحسن على إحسانه وعقاب المسيء على إساءته هذا مبدأ إسلامي.

وظائف الإثابة

١- تزيد من دافع الطفل للعمل وتحفـزه، وتـؤدي إلى حـدوث الـتعلّم، فهـي تجعـل الطفل يتبع التعليمات أو ينفذ المهمة ما دام الطفل قـد تعلـم مـن خلال خبرتـه الشخصـية أن يتوقـع الإثابة عنـد إنجـاز المهمـة، وبالـذات بالنسـبة للطفـل غـير المدفوع (اللامبالي).

٢- تزوده بمعلومات مباشرة عن نتائج عمله وتجعلـه يعـرف عائد عملـه وأن يعمـل بالشكل الصحيح وذلك، لأنه ينال المكافأة عقب نجاحه مباشرة.

٣- إن الطفل الذي يثاب على سلوكه الجيد فإن هـذه الإثابة تحفـزه عـلى تكـراره مستقبلا، والطفل الناجح في دراسته لما تقدّم له جائزة كهدية لتفوقه، فإن مثـل هذه الإثابة تحفزه نحـو الـتعلّم وتدفعـه نحـو مواصـلة النجـاح بشـكل أحسـن وأفضل.

توقيت الإثابة

تؤكد الدراسات الحديثة لعلوم النفس والتربية، على أن أفضل توقيت للإثابة هو الوقت الذي يعقب الفعل مباشرة، ففي هذا الوقت تحدث الآثار القصوى التي تريد أن تحققها من وراء الإثابة، نظرا لما يتضمنه الثواب من تعزيز للاستجابة لا يحدث بالشكل الكامل إلا إذا تبعها – أي الاستجابة- مباشرة أو بعد زمن قصير.

وما يقال في الإثابة في هذا المجال، يستحب أيضا على العقاب، فكلما كانا فوريين اتضح أثرهما التربوي.

إن مدح الجهد الذي يبذله الطفل في أداء علمه، هو ما يسعده ويطور سلوكه وبخاصة لما بذله من مجهود، ويكون فخورا بما وصل إليه من نتيجة حسنة، فيكون الطفل إذا ما عمل شيئا جيدا متلهفا للقاء والده لكي يطلعه على ما قام به.

أنواع الإثابة

١- الإثابة الاجتماعية.

وهي على درجة عالية من الفعالية في تعزيز السلوك المرغوب عند الكبار والصغار ونعني بالإثابة الاجتماعية (الابتسامة، التقبيل، المعانقة،

المديح، الاهتمام إيماءات الوجه، تعبيرات العيون المعبرة عن الرضا والاستحسان).

فالعناق والمديح تعبيران عاطفيان سهلا التنفيذ، والأطفال عادة ميالون إلى هذا النـوع من الإثابة بالإضافة إلى التقبيل لأن فيهما مضامين عاطفية وحب وحنان.

ويجب أن لا يفوت المربي أن عدم الغلو في المدح أدب إسلامي، وهو تربية الأطفـال في رحاب الإسلام فلا يكثر من عبارات الاستحسان لئلا تفقد قيمتهـا، ويـدخل الغـرور إلى نفـس الطفل.

كما أنه لا يجعل الثواب المادي هو الأساس، لما لذلك من أثر سيئ على نفسـية الطفـل مستقبلا، وإنما يوازن بين الثواب المادي والثواب المعنوي.

٢- الإثابة المادية

كإعطاء الطفل (حلوى، الألعاب، نقـود، رحلـة ترفيهيـة) ودلـت الإحصـائيات عـلى أن الإثابة المادية بالدرجة الثانية.

ويتعين تنفيذ المكافأة عاجلا بلا تردد ولا تأخير، وذلك بعـد إظهار السـلوك المرغـوب، والأداء المطلوب فالإثابة تأتي بعد تنفيذ الأداء أو السلوك المطلوب وليس قبله.

عوامل تحدد مدى فاعلية الإثابة في التحكم في السلوك

ولاستخدام الإثابة استخداما فعالا، هناك أربعة عوامل تحـدد مـدى فعاليـة الإثابـة في التحكم في السلوك وهي:

١- الشيء المستخدم كإثابة.

٢- الفترة الزمنية بين حدوث السلوك وتقديم الإثابة للطفل.

٣- طول الوقت الذي حرم منه الطفل من الإثابة.

٤- حجم الإثابة.

أولا: الشيء المستخدم كإثابة

من المهم إعطاء الطفل شيئا يحبه كثيرا وهـذا الشيء هـو الـذي يحـدد مـا إذا كـان سيبذل جهدا من أجل الحصول عليه.

١- تقديم التعزيز حال حدوث السلوك المرغوب دون تأخير.

٢- يكون التدعيم فوريا ومع إعطاء الحجم المناسب للإثابة.

ثانيا: الفترة الزمنية التي تنقضي بين حدوث السلوك والإثابة

تحديد مدى سرعة تعلّم الطفل للسلوك هو سرعـة تقـديم الإثابـة بعـد أن يستجيب الاستجابة الصحيحة، فالإثابة تؤثر دائما على السلوك الحادث في وقت إعطاء هذه الإثابة.

ثالثا: طول الوقت الذي حرم منه الطفل من الإثابة (الحرمان)

تتوقف قوة الإثابة على طول المدى التي مرت على الطفل وهو يتلقاها فالطفل الـذي أكل وجبة كبيرة منذ قليل لا يشتاق إلى الطعام، والطفل الذي

حرم من الطعام أو الحلوى لعدة ساعات يتشوق لهذه الأشياء أكثر مما يحرم منها.

وبعبارة أخرى يحدث التعلّم فقط عندما يتلقى الطفل تدعيما تتيحه لسلوك معين، وبالعكس لا يحدث الفعل عندما لا يترتب عليه تدعيم، ومن المهم ملاحظة أن جميع الأطفال قد لا يحبون نفس الأشياء كإثابة، ولهذا السبب ينبغي أن نبحث لكل طفل عن التدعيم الخاص الذي يفضله عندما نبدأ مع الإثابة.

رابعا: حجم الإثابة

لا يمكن أن تستخدم الأشياء التي تشبع منها الطفل كإثابات فعالة لبناء وتعديل سلوكه، وعليه فإننا نختار الإثابة من أجل التعديل ونحاول جعلها بمقادير صغيرة لا تكفي لوصول الطفل لحد التشبع سريعا، وبمقادير كافية من ناحية أخرى لحث الطفل على العمل، فالمطلوب لا إفراط ولا تفريط عند تقديم الإثابة للطفل.

طرق الإثابة يمكن بناء السلوك لطفل وتعديله بإحدى الطريقتين أو كليهما معا

١- الإثابة بواسطة النقاط.

٢- الإثابة بواسطة التعاقد.

أمور مهمة في الإثابة

١- اجعل الإثابة المقدَّمة تتناسب مع اهتمامات الطفل.

٢- اشبع حاجات الطفل النفسية واحتياجاته المادية عند الإثابة.

٣- راع أن الفروق الفردية بين الأطفال تؤثر على شكل الإثابة المقدّمة لهم.

٤- لا تفرط في الإثابة المادية إلا إذا اسهمت في تنمية مواهبه وقدراته والأجدى أن تغلب على الإثابة الطابع المعنوي.

٥- توقف عن الإثابة مجرد حدوث سلوك خاطئ.

٦- قدّم الإثابة بعد حدوث السلوك المرغوب فيه مباشرة دون أي تأخير.

ثانيا: عدم إثابة السلوك السيئ

أن السلوك غير المرغوب الذي يثاب حتى ولو كان بصورة عارضة وبمحض الصدفة، من شأنه أن يتعزز ويتكرر مستقبلا.

مثال: عدم التزام الطفل بموعد ذهابه إلى الفراش الذي اعتاد عليه، وتركه يتابع برامجه التي تجذبه هذا الإغفال هو إثابة غير مباشرة لسلوك غير مستحب ينشأ عنه صراع بين طرفين من أجل اجباره على النوم في وقت محدد.

لذلك فالسلوك غير المستحب إذا ما تم عدم إثابته أو عوقب من اجله فإنه سيظل ضعيفا غير مرسخ ولا معزز سهل الإزالة والمحو وأقل احتمالا في استمراره أو ظهوره مستقبلا.

طرق بناء السلوك عند الأطفال وتحسينه

١- شجع طفلك كلما أقدم على سلوك جيد.

٢- الجأ إلى تجاهل السلوك غير المرغوب.

٣- أثب السلوك الجيد البديل بعد تحديد السلوك غير المرغوب فيه.

السلوك المرغوب تعزيزه بالمديح والاهتمام بالطفل	السلوك غير المرغوب إضعافه بالتجاهل أو العقوبة الحقيقية
١- الكلام بصوت عادي ونبرة سوية	١- البكاء والعويل
٢- المشاركة في اللعب بألعاب مع الآخرين	٢- خطف اللعبة وانتزاعها عنوة
٣- السيطرة على الذات عند الشعور بالإحباط	٣- ثورات الغضب عندما يفشل الطفل بتحقيق مطلبه
٤- اللعب مع الأطفال بصورة تعاونية	٤- المكايدة العدوانية
٥- الألفاظ الأخلاقية (لو سمحت)	٥- الشتم للآخرين
٦- حل المشكلات بالتسامح دون العنف	٦- الاعتداء على أخوانه والأصدقاء
٧- التواضع والإحسان إلى الآخرين	٧- الغرور والتباهي
٨- الكلام دون قسم أو حلفان.	٨- القسم والحلفان

٤- ساعد طفلك على ممارسة السلوك الجيد المقبول الذي ترغب في أن يتعلّمه.

٥- طبق أحيانا مبدأ (غراندما) عند التعامل مع الطفل.

ويسمى أيضا مبدأ Premack ويقوم هذا المبدأ التربوي للسلوك على مساعدة الأطفال بأداء الأعمال والواجبات غير المحببة إليهم أولا ومن ثم السماح لهم باللعب ثانية أي بإغراء الطفل بإنجاز الواجبات المكروهة بالنسبة إليه، إذا كان يطمح فعلا إلى اللعب فيما بعد.

ثالثا: معاقبة السلوك السيئ عقابا لا قسوة فيه

إن التربية الخالية من الألم هي تربية موجودة في الفراغ ومحض تصوّر لا معنـى لـه على الإطلاق، يحمل الطفل الدوافع والغرائز التـي تنحـو نحـو الإشباع والتلبيـة مـن جانب المحيط، وهذه الدوافع التي تخدم الذات كثيرا ما تتقارب في وسـائل إروائهـا وإشباعها مع النظم والمعايير الاجتماعية والأخلاقية السائدة ويصـعب تصور إنسـان تمكـن مـن تمييـز مـا يقبله المجتمع من سلوك يصدر عنه وآخر مرفوض في هذا المجتمع بدون إخضاع سلوكه منذ نعومة أطفاره إلى الترشيد الذي يقبله المجتمع.

والعملية التربوية لسلوك الطفل تقوم بأساسها على تعلّم السلوك المقبـول اجتماعيـا وتعزيزه وإكراهه على التخلي عـن السـلوك المجـافي الـذي يرفضـه المجتمع وهـذه العمليـة التعليمية لابد أن تقوم على الإثابة للسـلوك المناسب، والعقوبـة للسـلوك المرفوض الخـاطئ الذي يصدر عن الطفل.

وأية عملية تربوية لا تأخذ بمبدأ الإثابة والعقاب في ترشـيد السـلوك بصـورة متوازيـة وعقلانية فإن الانحراف سيكون نتاج هذه التربية.

إذن يتحتم في العملية التربوية للسلوك معاقبة السلوك الخاطئ غير المقبول الـذي يصدر عن الطفل مباشرة، والعقوبة يجـب أن تكون مناسبة (خفيفـة) لا قسـوة فيهـا، لأن الغرض منها أساسا عدم تعزيز السلوك السيئ والحيلولة دون تكراره مستقبلا، وليس إيذاء الطفل وإلحاق الضرر بجسده وبنفسيته كما يتصرف بعض الآباء في تربية أولادهم.

وعلى نقيض ذلك نجد بعض الأمهات يعزفن عن معاقبة أولادهن لسـلوكيات خاطئـة، قد تكون خطيرة مستقبلا على تكيفهم، إنهن يكافئن فقط السلوك الجيد بينما يعزفن عـن معاقبة السـلوك السـيئ، فالطفل أضحى في موقـف لا يسـتطيع تقـويم السـلوك الخاطئ المرفوض، لأن عدم ردعِهِ جعله يعتقد أنه سلوك مقبول أيضا (السكوت إثابـة ضـمنية) إنه مستقبلا سيكون عرضة للصراع النفسي بين صـد أفراد المجتمـع لمـا يصدر عنـه مـن سـلوك مرفوض، وبين رغباته الاجتماعية والشخصية ومثل هذا النقص في التكيـف الاجتماعـي يرتد عليه بمشاعر الاضطهاد، وفقدان اعتبار الذات والانسحاب من المجتمع والولوج في متاهـات الاضطراب النفسي.

وإذا كنا نؤكد على العقاب فهذا لا يعني أن تلجأ إليه في كل الحالات والمواقف فلـيس هو الأصل وأحيانا لا يعد وسيلة إيجابية، وليس هو أول ما يلجـأ إليه المـربي إنمـا ينبغـي أن يبدأ بالإثابة إلى أن يحتاج العقاب، وإن احتاج إلى العقاب فلا يبدأ بالعقوبـة الحسـيّة، بـل ينبغي أن يبدأ بالعقوبة المعنوية إلى أن يحتاج إلى العقوبة الحسيّة.

وتأخذ العقوبة مظاهر وتعابير متعددة ونذكر منها الأكثر نجاعة مـن حيـث التطبيـق وتحقيق الغرض:

١- التوبيخ والتقريع ولهجة الصوت القاسية.

٢- التنبيه لعواقب السلوك السيئ.

٣- الحجز لمدة معينة.

٤- العقوبة الجسدية.

٥- حرمانه من شيء يحبه.

ويجدر بنا هنا أن نعدد بعض الاعتبارات المهمة المتعلقة بالعقاب في التعلـيم مقارنـا بالثواب:

١- إن أثر العقاب في التعليم أضعف من أثر الثواب.

٢- إن أثر العقاب أقل دواما وتواصلا من أثر الثـواب، والعقـاب يكـاد أثـره في الـتعلّم يكون مؤقتا.

٣- إن أثر العقاب سلبي في حين أن أثر الثواب إيجابي.

٤- لا يضمن العقاب الكف عن السلوك المعاقب عليه بينما الثواب غالبا مـا يضـمن تكرار وتثبيت السلوك المثاب عليه.

٥- إن للعقاب إذا لم ينبثق من رؤية تربوية نتائج سلبية قد تكون خطيرة ومـدمرة في مستقبل حياة الإنسان، بينما ليس للثواب -مع مراعاة بعض المحاذير- مثل هـذه النتائج السلبية والتداعيات الخطيرة.

الطريقة التي انتهجها الإسلام في عقوبة الأطفال

١- معاملة الطفل باللين والرحمة هي الأصل.

٢- مراعاة طبيعة الطفل المخطئ في استعمال العقوبة، هل هو صاحب مزاج معتدل أم هادئ أم عصبي، فالبعض يستقيم بنظرة زاجرة، وآخر بالتوبيخ وآخر بالعصا، وآخر بالموعظة.

يجب أن يكون المربي حكيما في استعمال العقوبة الملائمة التي تتفق مع ذكاء الطفل وثقافته ومزاجه، كما عليه ألا يلجأ إلى العقوبة إلا في مراحلها الأخيرة.

٣- التدرّج في المعالجة من الأخف إلى الأشد

إن المربي يختار ما يلائم تأديب الطفل، وما يعالج انحرافه، وقد تكفي في بعض الأحيان الموعظة البليغة أو نظرة خاطفة، أو ملاطفة رقيقة، أو إشارة عابرة أو كلمة زاجرة ويتدرج الإصلاح فإذا عرف أن الإرشاد إلى الخطأ كواحدة من هذه الأساليب لا تجدي فتيلا في إصلاح الطفل واستقامة أمره، فعندئذٍ يتدرّج معه إلى الأشد، ويأتي دور التوبيخ فإذا لم يجد فيأتي دور الضرب غير المبرح، فإذا لم يجد فيأتي دور الضرب المؤلم الموجع ومن الأفضل أن تكون العقوبة الأخيرة أمام طائفة من الأهل والزملاء عسى أن تكون لهم زاجرة وواعظة.

وسائل تغيير السلوك غير المرغوب فيه عند الأطفال

١- التعريض: عدم التشهير بالطفل عند الخطأ، بل استخدام التلميح (التصريح) بعد أسلوب التعريض من الأساليب التربوية المهمة لتغيير السلوك (التوجيه غير المباشر).

فوائد التعريض

١- يحفظ درجة شخصية الطفل عند إخوانه وأصحابه، فلا يقل شأنه ومرتبته بينهم ولا تصيبه بالإحباط الذي يترتب عليه أمراض نفسية معقدة.

٢- يؤدي إلى زيادة روابط الثقة والمحبة بين الوالدين والطفل لأنه يحسن بالطمأنينة والارتياح النفسي إذا عالج أحد الوالدين خطأه دون أن يذكراه أمام الناس، وهذا يؤدي إلى الاستعداد النفسي والفكري لتصحيح خطئه.

٣- يصحح أخطاء تربوية موجودة في أطفال آخرين، ربما يكون إخوان الطفل لذا فهو أسلوب يعطي الفرصة للطفل لمراجعة سلوكه وتصحيح خطئه.

٢- التوجيه المباشر

استخدام أسلوب التوجيه المباشر لتغيير السلوك غير المرغوب فيه عند الطفل ويمكن تصحيح الخطأ بالأسلوب التالي:

١- مجالسة الطفل والحوار معه إذا أردت أن يتقبل ما تمليه عليه.

٢- يجب تصحيح الخطأ مباشرة وأثناء استمراريته قبل أن يتحول إلى عادة مكتسبة.

٣- أبدأ بمناداة الطفل بصيغة محببة إلى نفسه وذلك أدعى لانتباهه واستجابته للنصيحة.

٤- عالج المشكلة من أساسها، فعلى الآباء في وقتنا الحاضر إذا أرادوا معالجة أخطاء أبنائهم أن يعالجوا جذر المشكلة وأساسها.

٥- استخدام الترتيب الموضوعي والعلمي عند العلاج، كون الترتيب الصحيح في حل المشكلة يساعد على الإتقان الصحيح لتصحيح الخطأ.

٦- هيئ الطفل نفسيا وفكريا لتلقي ما يؤمر به، وعندما يحب الطفل الشيء يتكون لديه الاستعداد النفسي والفكري لتلقي ما يأمر به.

٣- التوبيخ

يعتبر التوبيخ من الأساليب التربوية المهمة لتغيير السلوك لو استخدم استخداما سليما.

وأشكال التأنيب أو التوبيخ عديدة منها الاقتراب من الطفل، والنظر في عينيه نظرة حادة، والاستياء الكلامي، وتسمية السلوك المنافي المرتكب من قبل الطفل.

ومن الضروري بمكان أن نتحلى بالسيطرة على الذات وضبطها بالقدر الممكن وأن نتجنب سلوك السخرية والاستهزاء والتصغير والتحقير.

شروط التوبيخ

١- ليكن التوبيخ بقليل من الكلام المختصر.

٢- ليكن سلوكنا هادئا غير منفعل.

٣- تجنب الثرثرة والتذمر المستمر عند الطلب من الطفل تبديل سلوكه.

٤- الاستياء والتوبيخ يوجه نحو السلوك المنافي الذي ارتكبه الطفل وليس إلى شخصيته.

٥- عند الخطأ توجه بحديثك إلى ما كان يجب أن يقوم به ليتفادى الخطأ الذي ارتكبه إذا أردت أن يكون استياؤك وانتقادك إيجابيا بناء يدعم ثقته ويجعله راغبا في تطوير سلوكه، أما إذا أنصب انتقادك واستياؤك على شخصية الطفل وقمت بتحقيرها ووصفها بصفات قبيحة، سيجعله مقهورا راغبا في الانتقام منك، لما سببته له من ألم نفسي، فيتدهور سلوكه.

إن كثيرا من الناس يصفون أطفالهم باستمرار بأنهم غير مؤدبين أو أنهم عصبين وغير مطيعين ومثل هذا التكرار أمام الطفل قد يثبت الفكرة في ذهنه، ويضعف من ثقته بنفسه، وبالتالي يستمر في سلوكه السيئ والواجب كما بينا سلفا أن نصف التصرّف بأنه خطأ، أي أننا نستنكر التصرّف نفسه، ولا نستنكر شخصية الطفل وبالتالي نعطيه الفرصة أن يعدل عن التصرف الخطأ ويتجنبه ويحاول أن يرضينا بإتباع التصرف السليم.

إن أفضل توقيت مناسب، وفعال في اللجوء إلى التعبير عن الأشياء هو عند بدء الطفل بإظهار السلوك السيئ.

٦- يفضل تجاهل خطأ الطفل في البداية إذا لم يكن خطيرا على نفسه أو على غيره ومن حسن الإشارة و التلميح حتى نعطيه فرصة لمراجعة سلوكه وتصحيحه وحتى لا نلفت نظره إلى الخطأ فربما استمر عليه عنادا أو إصرارا أما إذا ارتأينا توبيخه فيجب أن يكون على النحو التالي:

أ-   توبيخ الطفل سرا وهذه مرحلة تالية بعد التلميح يأتي التصريح.

ب-   عتاب الطفل ولومه جهرا أمام أسرته ورفاقه.

ج-   التقريع دون الشتم أو تحقير الطفل.

المراحل التي يمر بها الطفل عند لومه وتوبيخه

١-   مرحلة التألم نتيجة الشعور بالذنب.

٢-   مرحلة التضايق نتيجة التوبيخ مع الكراهية لمصدره.

٣-   مرحلة عدم إعارة التوبيخ ومصدره أي اهتمام (اللامبالاة)

٤- المقاطعة

من الأساليب التربوية لمعالجة خطأ الطفل مقاطعة الأسرة له وهو نموذج عملي.

فوائد المقاطعة

١-   تشعر المخطئ بذنبه مباشرة عندما تقاطعه الأسرة والإحساس بالذنب يؤدي إلى تعديل سلوكه.

٢-   تظهر أهمية الأسرة للفرد، ولا يشعر بها إلا من عايشها.

٣- تبين قوة التزام وطاعة الأبناء لآبائهم وهذه بيئة خصبة لإيجاد المقياس الحقيقي لقوة الالتزام لدى الأسرة.

٤- تولد في نفس أعضاء الأسرة بأن من يرتكب هذا الخطأ أو ما يماثله فإنه سيقاطع مثل هذا، وذلك يؤدي إلى خشية عند أفراد الأسرة أن يقعوا في مثل هذا الخطأ أو ما يماثله وهذه تربية غير مباشرة لمعالجة الخطأ.

٥- العقاب الذاتي

ونعني به ترك الطفل يتحمل النتائج الطبيعية لسلوكه السيئ ففي بعض المواقف يمكن للوالدين أن يدعا الطفل يقطف ثمار سلوكه السيئ ونتائجه لتكون النتائج المؤلمة رادعة، حتى لا يلجأ إلى ذلك السلوك ثانية، مثلا إن النتائج الطبيعية لامتناع الطفل عن لبس القفازات الصوفية في يديه خلال يوم بارد، هي تألمه من برودة أصابعه، وإن لهوه لساعة متأخرة بعد انصرافه من المدرسة تجعله عاجزا عن إنجاز وظائفه البيتية المدرسية لليوم التالي، وبكلمة أخرى يسمح للآباء بترك أولادهم يتحملون مسؤوليات سلوكهم إن بإمكاننا أحيانا أن نستخدم نتائج الفعل الذي يرتكبه الطفل كطريقة أخرى في تطوير سلوكه، بل أن ننتقده مباشرة لأنه سيكون بهذا الأسلوب أكثر إقناعا بما هو مطلوب منه حيث أنه جرب نتيجة مخالفته لما يريده منه أبواه.

ومن فائدة العقاب الذاتي أن الطفل يتعلم السلوك الملائم من خلال خبرته الذاتية أولا، وثانيا ليس للأهل علاقة تفاعلية بهذه العقوبة.

نذكر هنا أنواع النشاطات السلوكية المنافية غير المرغوبة التي يسمح للطفل بممارستها ويتحمل نتائجها السلبية الرادعة.

السلوك السيئ	النتائج الطبيعية
١- الإمساك بالقطة إمساكا عنيفا مؤذيا لها	١- التعرض لخرمشتها المؤلمة
٢- كسر اللعبة عن قصد وعمد	٢- عدم التعويض له بلعبة أخرى
٣- مكايدة أولاد الجيران	٣- حرمانه من صحبتهم
٤- عدم انجاز الوظائف البيتية والدرسية	٤- التعرض لعقوبة المعلم
٥- عدم ارتداء القفازات شتاء	٥- التعرض للبرودة المؤلمة
٦- الكسل عند الاستيقاظ صباحا	٦- التأخر عن المدرسة
٧- دفع رفاقه ومن هم في عمره	٧- التعرض للسلوك نفسه
٨- يصب الماء الموجود في الكأس بسفاهة بلا اكتراث	٨- لا يعطي بديله ولا يملأ كأسه

٦- العقاب المنطقي

وتعني به اللجوء إلى معاقبة سلوك الطفل بسلوك آخر منطقي ففي بعض الأحيان يجد الأهل أن ترك الطفل ليعاقب بفعل النتائج الطبيعية لسلوكه السيئ، قد يعرضه إلى مخاطر تلحق به وبالتالي لا مفر من استخدام العقاب المنطقي، مثلا لا يغامر الأب بترك طفله يقود دراجة في الطريق لاحتمال

تعرضه للدهس كعقوبة طبيعية لسلوكه، وهنا يتدخل الأب بعد التنبيه عن مخاطر هذا السلوك فيمسك عنه دراجته لفترة من الزمن، عقابا على عدم إطاعته لأمر أبيه.

وعندما يتم الأخذ بمبدأ النتيجة المنطقية للسلوك السيئ من الأهمية بمكان تجنب أن تكون شديدة الوقع أو تستمر لمدة طويلة. مثالنا على ذلك نتيجة قيادة الطفل لدراجته في الشارع، حرمانه من استعمالها لمدة شهرين، هذه عقوبة قاسية جدا بالنسبة لطفل عمره ثلاثة أعوام.

وفيما يلي أمثلة على النتائج المنطقية للسلوك السيئ:

السلوك السيئ	النتائج المتوقعة
١- قيادة دراجة في الشارع	١- حجزها لمدة أسبوع
٢- مضغ العلكة ووضعها على الأثاث	٢- عدم إعطائه العلكة
٣- تعذيب الحيوانات الأليفة	٣- حرمان الطفل منها
٤- الامتناع عن تنظيف الأسنان	٤- حجب السكاكر والشوكولاه عنه
٥- شجار مع الأخوة والأخوات	٥- إلغاء رحلة أو نزهة
٦- عدم تناول الوجبة الأساسية	٦- الحرمان من الحلويات

٧- العقاب غير المنطقي

ونعني به معاقبة سلوك الطفل بسلوك آخر غير منطقي.

فإذا وجدت الأم عدم ملاءمة تطبيق عقوبة النتائج المنطقية لأمر ما، عليها اللجوء إلى معاقبة السلوك بشكل غير منطقي وهذا هو أحد أساليب العقوبات الفعالة الناجمة، وتدخل ضمن إطار العقاب الخفيف.

فمثلا حرمان الطفل من مشاهدة التلفاز لمدة يومين لكذبه على والديه، هذا النوع من العقاب يتضمن خسارة الطفل لبعض الامتيازات الممنوحة له.

ومن أمثلة على المعاقبة السلوكية

السلوك السيئ	العقوبة
١- النميمة عند الأطفال	كتابة عبارة (الأولاد لا يحبون النميمة) ثلاث مرات
٢- الحلفان والقسم	فرض ١٠ قروش من (مصروف الطفل) عن كل يمين أقسمه
٣- الكذب على الوالدين	حرمانه من مشاهدة التلفاز لمدة يومين
٤- الشجار مع أولاد الجيران	حرمانه من قيادة دراجته لمدة أسبوع
٥- رفض أداء الواجبات	حرمانه من استعمال اللعب
٦- استمرار في إزعاج أخته	حرمانه من استعمال لعبة لمدة ثلاث أيام

نلاحظ أن العقاب خفيف الشدة عموما، وحتى تنجح العقوبة في تصويب السلوك الخاطئ، على الوالدين أن يعرفا كيف يستخدمان هذه الطرق بشكل ملائم وجاد.

٨- التشبع

إن التشبع من الأساليب الجيدة لتعويق السلوك غير المرغوب فيه أو وقفه، فهو عبارة عن استبعاد حالات الحرمان.

والحرمان لا يؤدي فقط إلى جعل التدعيم أكثر كفاءة بل يجعل الطفل يزيد من بحثه عن التدعيم.

فالطفل المحروم من الاهتمام لا يعمل باجتهاد أكبر فقط بل يعمل أيضا أشياء أكثر اختلافا للحصول عليه، وبعض هذه الأشياء تكون في شكل سلوك غير مرغوب، فبعض الأطفال تحدث لهم نوبات هياج وانفعال، ويتكلمون ويضربون آبائهم ومرافقيهم ويكسرون الأواني في المطبخ لمجرد الحصول على انتباه الأم، وحتى عندما يتم زجر هؤلاء الأطفال وتعنيفهم يعتبر تدعيما إذا كانوا محرومين من الاهتمام الكافي.

وبإعطاء الأطفال الاهتمام على السلوك المرغوب مثل ترتيب الملابس قبل إرسالها إلى المغسلة، والقيام بالمهمات للأم تنخفض حالات الحرمان من الاهتمام أو يحدث لهم تشبع نوعا ما، وفي هذه الحالة يصبحون أقل احتمالا للقيام بالسلوك المرغوب، ولم يحصلوا على تدعيم أو انطفاء على السلوك غير المرغوب، فالاهتمام شكل من أشكال التدعيم.

٩- الانطفاء

وهو تجاهل الطفل عندما يعمل شيئا لا نريد أن يعمله، فإذا أساء الطفل السلوك لكي يحصل على الاهتمام مثل الكتابة على الجدران فإنه سيوقف هذا السلوك تدريجيا إن لم يلق اهتماما على ذلك.

إن كثيرا من أنواع السلوك تسبب الإزعاج للأسرة يمكن أن تختفي في فترات قصيرة وبمجرد تجاهلها، فمن المعروف أن تجاهل كثير من جوانب السلوك المزعجة سيؤدي إلى اختفائها تدريجا، ومن الأمثلة على أنواع السلوك التي يمكن علاجها بتجاهلها:

١- البكاء المستمر، العويل.

٢- التكشير، والعزوف عن الطعام.

٣- الشكاوى المرضية العابرة.

ويمكن استخدام التجاهل عند محاولة الطفل أن يضغط على مشاعرنا لكي نشعر بالضيق ونلبي مطالبهُ، ونقع في مصيدة (إسعاد الطفل) وتعني الوقوع في الخوف من زعله وغضبه منا.

عيوب استخدام هذا الأسلوب

١- إن تأثيره تدريجي، فربما يكرر الطفل السلوك عدة مرات قبل توقفه.

٢- بعض أنواع السلوك يكون مدمرا جدا بحيث لا نستطيع أن نسمح بحدوثه عدة مرات، مثل ضرب الرأس بالجدار، أو الضرب والشتائم.

وبسبب هذه العيوب قد لا يكون الانطفاء هو أفضل الأساليب لإلغاء السلوك الغير مرغوب دائما.

شروط نجاح أسلوب الانطفاء

١- الانتظام والإتساق في تطبيق طريقة التجاهل، وعدم التراجع وضرورة الاستمرار فيه.

٢- اللغة البدنية الملائمة عند تطبيق التجاهل تجنب الاحتكاك البصري بالطفل ودعه لا يرى تعبيرات الوجه.

٣- ابعد نفسك مكانيا، لا تكون قريبا منه خلال ظهور السلوك الذي أدى إلى استخدام التجاهل.

٤- احتفظ بتعبيرات وجهك محايدة، فاختلاس النظر للطفل، أو إظهار الغضب، أو وقوفك أمامه مترقبا إن ينهي تصرفاته، كلها تفسر من التجاهل المنظم.

٥- لا تدخل في حوار أو جدل مع الطفل خلال فترة التجاهل.

٦- قم بالتجاهل فورا، أي حالما يصدر السلوك غير المرغوب فيه تجاهل السلوك ولا تتجاهل الشخص، وهذا يتطلب أن تدعم الطفل إيجابيا وبشتى الوسائل بما فيها إظهار الود والاهتمام بتوقف السلوك الخاطئ.

إن المقصود من التجاهل هو التخلي عن بعض الجوانب السيئة، لكن الاهتمام الإيجابي والرعاية، وامتداح قدرات الطفل تعتبر من أقصر الطرق

لتكوين طفولة ناجحة، كما أنها تقوي بين الأبوين والطفولة علاقة مبكرة، مما يجعل آثارها التالية لا تقدر من حيث الارتباط الوجداني بينهما.

١٠- تجنب الموقف المثير

تجنب الظروف التي تؤدي إلى حدوث السلوك الغير مرغوب فيه فمثلا قد يقوم أحد الأطفال في المنزل بضرب أو معاكسة طفل آخر أصغر أو أقل عدوانية إلى أن يصبح الطفل الثاني محبطا جدا بحيث تحدث له نوبة هياج ويبدأ في ضرب رأسه أو مهاجمة طفل آخر، وطريقة استبعاد هذا السلوك غير المرغوب عند الطفل الثاني تتم بمنع الطفل الأول من ضربه أو معاكسته.

١١- تشريط السلوك المخالف

يعتبر من أكثر الطرق فعالية في إلقاء السلوك غير المرغوب، وهو عبارة عن السلوك الذي يمنع السلوك غير المرغوب من الحدوث، فمثلا إذا كان لدينا طفل يتهته فإن طريقة إلغاء التهتهة تتم بتعليمه أن يتكلم بطلاقة، فالكلام الطلق مخالف للتهتهة ويستطيع الطفل أن يعمل أحدهما دون الآخر ولكنه لا يستطيع أن يأتيهما معا.

مثال سلوك طفل (هاتي الحلوى) بأسلوب وقح الأم تعلّمـه سـلوك إيجابي بـأن يقـول (تسمحي لي أخذ الحلوى) فهذا القول يتعارض مع السـابق، لا يسـتطيع الطفـل أن يقولهما معا في وقت واحد.

ويتم تشكيل السـلوك المخـالف باسـتخدام أسـلوب التـدعيم، فيـدعم الطفل لعملـه الاستجابة المرغوبة بينما يتم تجاهله (انطفاء) أو عقابه على الاستجابة غير المرغوبة.

وبدلا من الضرب للطفل الذي يقوم بالتكسير والتخريب للحصول على الانتباه يمكن تغيير هذا السلوك بتعليمه طريقة جديدة أكثر قبولا في جذب الاهتمام مثل القيام بالأعمال المنزلية كترتيب الملابس والكنس ومسح الأرضية.

١٢- فرض عقوبة الحجز

يتم حجز اللعبة المتخاصم عليها، بـدلا مـن معاقبـة أحـدهما، أو الاثنين معـا إذ مـن المعروف أن الأولاد يقضون وقتا طويلا في الاستمتاع باللعب وبالألعاب المتوفرة بين أيديهم.

فالألعـاب، عـلى المسـتوى السـيكولوجي، هـي طريقـة للتنبـؤ الاجتماعـي مـع الأولاد الآخرين ومع آبائهم، فبمقدور الوالدين أن يعلما أولادهما

السيطرة المتزايـدة عـلى الـذات وكيفيـة المشـاركة الاجتماعيـة مـن خـلال لعـبهم بالألعـاب والتعامل معها.

أساليب الردع وتهذيب السلوك

١- عندما يرتكب الطفل أعمالا مخربة في أثناء لعبـة مـع دميتـه (تخريـب الأثـاث في أثناء اللعب) يتم حجز الألعاب.

٢- عندما يسيء الأطفال من أولادك اللعب عندما يلعبان بالدمية (عطب اللعبة) يتم تحذيرها بعدم الشراء لعبة أخرى.

وتكمن الحكمة من وراء معاقبة (اللعبة) بدلا من الـذي يلعـب بهـا وهـو الطفـل، في عدم إضاعة الفرص والأوقات التعليمية على الطفل.

خطوات تنفيذ (معاقبة اللعبة) وحجزها

١- عند الإساءة يتم على الفور نزع اللعبة ووضعها في مكان الحجز.

٢- يتعين تنفيذ العقوبة في مدة قصيرة جدا وبالأخص تجريد اللعبة من الطفل.

٣- بعد حجز اللعبة، لا بـأس مـن شرح أسـباب هـذا التصرّف ويقـوم هـو بتكريـر الأسباب.

٤- لا حاجة لأن يقوم طفلـك بوضعها في مكـان الحجـز، نفـذي ذلـك بنفسـك مـع تحديد مدة الحجز وعند الانتهاء من مدة الحجز سارعي إلى استعادتها.

٥- بالنسبة للأطفال في سن الثانية والثالثة ضعي اللعبة بعيدا عن متناول أيديهم وبحيث يمكن مشاهدتها بسهولة وشرحي لطفلك سبب الحجز.

٦- الأطفال ما فوق سن الرابعة لا ضرورة لوضع اللعبة المحجوزة بعيدا عن متناول أيديهم، مع الطلب بعدم لمسها أثناء فترة الحجز.

لائحة توضح أسباب العقوبات وأنواعها - والحجز وفترته

السلوك المسبب للمشكلة	الحل
١- تخاصم اختان حول مشاهدة التلفاز وكل منهما تريد أن تفتح على قناة خاصة ومع الرجوع إلى الأم لم يعجبهما الحل.	١- إقفال التلفاز لمدة نصف ساعة والإنذار بأنها ستعود للعقوبة مرة أخرى أن تكرر التصرّف.
٢- مخالفة تعليمات الأم بعدم ركوب الدراجة في وسط الشارع.	٢- حجز الدراجة طيلة اليوم.
٣- تهديد الأصدقاء لبعضهم بالضرب بالمكعبات خلال الشجار.	٣- حجز المكعبات لمدة ساعة وبيان الأسباب لذلك.
٤- أخت تمنع أختها من استخدام الفيديو لمشاهدة شريط ألعاب.	٤- حجز الفيديو لمدة ساعتين والتهديد بالعودة إذ استمر الخصام.
٥- رفع مستوى مكبر الصوت لدرجة أنها تسبب ضوضاء وإزعاج.	٥- حجز المسجل مع مكبر الصوت لمدة ٣ ساعات والتهديد بالعودة إذا استمر السلوك هذا.

١٣-الضرب، العقاب الجسدي

ومن أنواع العقاب، الضرب، التهديد، الزجر، الصراخ، في وجه الطفل

مضار استخدام العقاب الجسدي

١- ممكن أن يؤدي إلى نتائج معاكسة فيصبح الطفل عدوانيا أو يسبب له اضطرابا نفسيا.

٢- يؤدي إلى توليد الخوف والقلق ويشعر الوالدين بالذنب.

٣- يظهر السلوك الخاطئ عندما يختفي الشخص القائم بالعقاب.

٤- عدم تأجيل العقاب، لأن تأجيل العقاب حتى يعود الأب يقلل فرض التقبل الوجداني له من قبل أطفاله، ويجعل العقاب مرتبطا بالأب.

سياسات تربوية خاطئة

١- عدم الإيحاء الإيجابي للطفل.

أن الطفل إذا قلنا له " أنت ولد خبيث، أنت طفل شقي، أنت غير مطيع" فإنه سوف يقبل هذه الآراء كأنها صورة حقيقية عن نفسه، وسوف يعمل في حدود هذا الوصف وبالعكس إذا قلت لطفلك "إن الولد الطيب الممتاز مثلك لا يفعل ذلك- أنت ولد شجاع خلوق مؤدب" فإن هذا يعطيه الإيحاء الإيجابي المناسب.

إن المخاوف التي تساور الطفل مرجعها الكبار، فعندما تقول للطفل: "أنت لا تخاف من النوم في الظلام، فإن هذا يوحي إليه فورا أنه لابد أن يكون هناك شيء يخيفـه مـن الظلام".

ومن ثم وجب علينا اتباع الإيحاء الإيجابي مع الطفل ولكن للأسف البـعض مـن الآبـاء يناقش الأمور المتعلقة بالطفل على مسمع منه وهـذا خطـأ فادح، إلا إذا انطوت المناقشـة على قدوة حسنة وإيحاء سليم كأن نقول مثلا: "إن سالم لا يتعبنا عند الذهاب إلى سريـره للنوم فهو ولد هـادئ" وهـذا الإيحاء الإيجـابي يقـود إلى التـأثير الإيجـابي في حيـاة الطفل وسلوكه.

٢- عدم معاقبة السلوك الخاطئ الصادر عند الطفل

من الأساليب الخاطئة في التربية ترك السلوك السيئ وعدم توقيفه.

مثال: بينما كان الأم والأب جالسين مساء في غرفة الجلوس، لاحظنا كيف اندفع الابـن الأكبر أحمد، وبعدوانية يصفع أخاه الأصغر على أذنه خلال شجار وقع بينهما وهـما يلعبـان الشطرنج.

‐ التفتت الأم وقالت لزوجها: هلا عمدت إلى تأديب أحمد على العدوانية السيئة؟

‐ أجابها الزوج: الأولاد يظلون أولادا، يقتتلون لفترة ومن ثم يعودون إلى الوئام.

فوضع قاعدة مسبقة بتحريم العقوبة الحسية، أو تحريم العقوبة إطلاقا خطأ كبير.

٣- عقاب الطفل عقابا عارضا على سلوكه الجيد

هناك ممارسات يعاقب الطفل على سلوك جيد بها بدلا من إثابته وتدعيمه.

مثال: الطفلة "دعاء" رغبت في أن تفاجئ أمها بشيء يسرها، فعمدت إلى ترتيب غرفتها فقال لها: أماه قد رتبت غرفتي، ألا يسرك هذا؟

الأم: لقد حان الوقت لأن تقومي بعمل كهذا، ولكن لماذا لم تنظفي الصحون التي استعملت في وجبة الإفطار، هل نسيتي ذلك؟

إن جواب الأم كان عقوبة وليس إثابة، لأنها

١. لم تعترف بالمبادرة الجميلة التي قدمتها البنت لها.

٢. وجهت لها اللوم على تقصيرها في ترك الصحون بدون تنظيف بصورة غير مباشرة.

مثال: الطفل "سامي" حمل سجل علاماته المدرسية الباهرة إلى والده الذي يقرأ الصحيفة، تقدم الولد من والده وهو يبتسم قائلا إليك يا والدي إنجازاتي الدراسية التي حققتها هذا العام، إنها بلا شك ستسرك جدا، وبدلا من أن يقطع الوالد قراءته للصحيفة ويبادره بالاستفسار والإثابة، طلب منه

الذهاب إلى والدته ليسألها عن الوقت الذي يكون فيه الطعام جاهزا معتذرا مـن الولـد لأهمية الموضوع الذي يقرأه في الصحيفة.

- وللأسف قد يغفل بعض الآباء عن الانتباه والمـديح لسلوكيـات مليحـة مستحسـنة أظهرها أولادهم: إما بفعل انشغالهم المفرط في أعمالهم اليومية، فلا وقت عندهم للانتباه إلى سلوكيات أطفالهم، أو لاعتقادهم الخاطئ أن على أولادهـم إظهـار السلوك المؤدب المهذب بدون الحاجة إلى إثابتهم.

فالطفلة التي رغبت في مساعدة والدتها بإعادة ترتيب غرفة النوم أو في بعض الشؤون المنزلية ولكنها لم تقابل على هذا العون بأية إثابة من والدتها فإنها في أكثر الاحتمالات لـن تكون متحمسة لتقديم هذا العون لوالدتها مستقبلا تلقائيا... والطفلـة التـي نالـت تـوبيخ والدها لكونها حصلت على تسع درجات من عشر ولم تحصل على عشرـ فهي لـن تـتحمس ولن تتشجع في الذهاب إلى والدها مرة أخرى.

لذا نحذر من عقاب الطفل عقابا عارضا على سـلوكه الجيد ولنتـذكر دائمـا أن الإثابـة والتدعيم من أهم الوسائل التي تساعد الطفل عـلى تعلّـم السـلوك الصـحيح والتقـدّم نحـو التعلم الذاتي وارتقاء الشخصية.

٤- الإسراف في الوعود المتكررة للطفل "إذا فعلت كذا كأفأناك بكذا"

هناك أعمال كما أشرنا سلفا لا بأس أن يظل التشجيع قائما عليها ولو في صورة ثمن مشروط كالأعمال التطوعية والأعمال التي لا يجوز القهر عليها فلا يوجد مانع من تدعيم مثل هذه الأعمال بكلمة إطراء أو بقطعة حلوى أو بدعاء جميل أو بهدية رمزية، لكن هذا يحدث مع التيقن التام من أن الطفل قد بذل جهدا مخلصا وخالصا في اتجاه العمل المقبول، والابتعاد عن العمل المستهجن، لأن هذا طيب مقبول... وذاك خبيث مستهجن.

ولكن يجب أن لا ينسى أن هناك مبدأ عاما ينبغي أن تتبعه ونطبقه وهو "أنه لا يجوز إثابة الطفل على عمل يجب عليه أداءه" لأن ذلك يجعله شخصا نفعيا ماديا لا يؤدي عملا إلا إذا أخذ بالمقابل.

وقد أقر المربون المسلمون بأن الطفل لا يثاب على كل عمل يؤديه، وخاصة تلك التي تكون من صميم دورة وإن الإثابة تكون في مواقف يعينها، وذلك حتى لا تصبح رشوة في نظر الطفل وتفقد قيمتها كموجّة ومعزز للسلوك الصحيح.

ولكن للأسف يخطئ الكثير من الآباء والأمهات في وعودهم المتكررة للطفل إذا فعلت كذا كافأتك بكذا، ويسرفون في ذلك إلى درجة لا يقوم فيها الطفل بالتزاماته المعتادة، أو تصرفاته الطبيعية "كإنجاز الواجبات المدرسية أو

التوقف عن الصراخ أو تناول الطعام أو شرب الحليب" إلا إذا حصل على الثمن المقابل لذلك، ويتكرر ذلك الموقف إلى أن يصبح الثواب رشوة حقيقية ندفعها للطفل لنضمن بها قيامه بالسلوك الطيب، أو توقفه عن السلوك المعيب وهكذا تفقد الأعمال في نظره قيمتها الذاتية، وتتحدد قيمتها لديه بمقدار ما يجنيه من ربح بسببها، ويكون التطور منطقي لهذه الحالة أن يفقد الطفل ذلك الحماس الدافع إلى الأعمال إذا ما توقفت الرشوة، أو تعرضت للتخفيض.

وإذا ما شب الطفل على ذلك، فسيعمم هذه الخبرة على كل المواقف في حياته مستقبلا، بل إن بعض الأطفال الذين عودهم أهلهم على الرشوة مقابل الكف عن الصراخ أو الإزعاج، أو الامتناع عن الطعام وما إلى ذلك يلجأون إلى ذات السلوك كوسيلة ضغط وتهديد للوالدين للحصول على الرشوة.

والمطلوب منا ونحن بصدد تعزيز السلوكيات الإيجابية لدى الطفل أن نغرس قيمتها الذاتية في نفسه حيث أنها ترضي الله وثم ترضي الناس وتبهج قلب الوالدين والمعلمين وتستثير ارتياح الطفل الشخصي وثقته بنفسه.

٥- قبول الوالدين شرط الطفل (سأفعل... سأقنع... لو...)

إن قبول الوالدين ما يشترطه الطفل أحيانا في الحصول على ثمن معين من أجل أداء عمله ضروري أو الكف عن عمل سيئ يعتبر ممارسة خاطئة

لأنها تجعل الطفل يقوم بالواجب الذي يجب أن يعمله إلا إذا حصل على الإثابة ولا يمتنع عن العمل السيئ الذي يجب أن يمتنع عنه حتى يقبض الثمن.

وعليه يجب أن نتوقف عن الإثابة الحسية والمعنوية إذا تحولت إلا شرط للقيام بالعمل المطلوب، أو الكف عن العمل السيئ مع إلزام الطفل بالأداء أو الكف عنه بغير أجر والمهم الفصل بين العمل الضروري وبين العمل التطوعي "فشرب الحليب" عمل ضروري "الضغط على الهاتف والاتصال بالناس" سلوك غير مقبول فلا يكف عنه إلا إذا دفعت له الأم نصف دينار.

كيف تشجع العمل الإيجابي غير التطوعي

١) يكون التشجيع على خطوات أو درجات من الحلوى، فللعبة فالنقود ضمن الحدود المشروعة.

٢) يرتقي التشجيع فيصبح من أجل أن يحبك أمك أو أبوك.

٣) يرتقي التشجيع فيصبح من أجل أن تكون ولدا طيبا ويحبك الناس ويقولون أنك طيب.

٤) يرتقي التشجيع فيصبح من أجل أن يحبك الله ويرضى عنك.

وعلى هذه الصورة الأخيرة يجب أن يبقى إلى أن يلقى الله عز وجل

الأعمال التطوعية لا يجوز القهر عليها ويظل التشجيع عاملا إيجابيا فيها ومع الوعد الذي يعده يجب أن تنفذ له ما وعدت.

مثال: إذا حصلت على نسبة عالية في الامتحـان الثانويـة العامـة سأشـتري لـك سـاعة ثمينة.

ولكن من الخطأ أن تقول لولدك أذهب إلى السـوق واشتري كـذا فيمتنـع فتقـول لـه اذهب وسأعطيك كذا!!! أو يشترط عليك ثمنا للـذهاب فتقبـل الشـرط؟ إنك بهذه الطريقـة تفسده، لأنك تقتل في نفسـه الإحسـاس بالواجـب وضرورة الالتـزام بأدائـه... وعنـدما يكـبر يصدم بالواقع.

٦- عـدم محاولـة المـربين تفهـم الـدوافع التـي تـؤدي بالطفـل إلى السـلوك الخاطئ.

هناك عوامل تؤدي بالأطفال إلى السلوك الخـاطئ ولعـدم معرفـة الآبـاء بهـا تجعلهـم يتعاملون مع هذا السلوك بشكل غير مناسب ومن أبرزها.

١) عدم القدر على ضبط أنفسهم وإصلاحها.

أ- الطفل ميال إلى الاعتداء على الغير، كثير المطالب، أناني.

ب- اهتمام الطفل بنفسه أمر طبيعي كالتنفس.

وهذا ليس موجب للخوف لأنها سلوكيات موجود في كل شخص.

٢) الجهل وعدم الفهم الصحيح.

٣) عدم القدرة على إشباع حب الاستطلاع بشكل مناسب.

٤) رغبة الطفل في لفت الأنظار إليه.

٥) شعور الطفل بالملل والضجر.

٦) رغبة الأطفال في الاعتماد على النفس والاستقلال.

٧) عدم رغبة الآباء على قبول أطفالهم كما هم بمساوئهم ومحاسنهم.

أتمنى أن يتقبل الآباء أطفالهم كما هم وأن يعاملوهم وفق قدراتهم وأن يتحملوا أخطاءهم وأن يستخدموا أسلوب مشاركة الأطفال مشاعرهم ليساعدوهم على تحسين أدائهم.

٨) عدم إشباع حاجات الأطفال النفسية.

أ. الحاجات الفسيولوجية (التنفس، الطعام، الراحة... الخ)

ب. حاجات الشعور بالأمان (المرض، الاضطرابات الطبيعية... الخ)

ج. حاجات الحب والشعور بالانتماء (علاقات التعاطف... الخ)

د. حاجات الشعور بالاعتبار والتقدير.

هـ- حاجات تحقيق الذات.

ومن الأهمية بمكان أن نحلل سلوك الطفل وأن نحاول أن نتعرف على دوافعه قبل محاولة إنزال العقاب عليه.

٧- عدم التعامل مع الأخطاء الطفل بسياسة النفس الطويل.

عن أبي هريرة- رضي الله عنه- أن رجلا قال للنبي صلى الله عليه وسلم: أوصيني، قال "لا تغضب" فردد مرارا قال "لا تغضب".

وعن معاذ بن جبل عن أنس رضي الـلـه عنه عن النبي صلى الـلـه عليه وسلم أنـه قال: من كظم غيضا وهو يقدر على أن ينفذه، دعاه الـلـه على رؤوس الخلائق يـوم القيامـة حتى يخبره في أي الحور شاء"

قال ابن مسعود رضي الـلـه عنه "كفى بالمرء إنما أن يقـال لـه اتـق الـلـه فيغضـب ويقول عليك بنفسك".

حكى عن جعفر الصادق رضي الـلـه عنه أن غلاما لـه وقـف يصـب المـاء عـلى يديـه فوقع الإبريق من يد الغلام في وعاء كبير فطار الرشاس في وجهه، فنظر هو إليه نظرة غضب فقال الغلام: يا مولاي والكاظمين الغيظ، قال: لقد كظمت غيظي، قال والعافين عـن النـاس. قال: عفوت عنك، قال و الـلـه يحب المحسنين. قال اذهب فأنت حر لوجه الـلـه تعالى.

ثمة حقائق أساسية لو فهمها المربي لوصـل بسـلوكه إلى درجـة عاليـة مـن ضـبط النفس وطول البال في مواجهة مشكلات الطفل وهي:

١) إن المعايير في عالم الطفل، تختلف عن المعايير التي اكتسبناها عـبر عشرات السـنين من أعمارنا والتربية في إحدى معانيها تعديل السلوك وتنقيته.

٢) الخطأ هو من طبيعة السواد الأعظم من الأطفال.

٣) مشكلات الأطفال الفردية لا يمكن أن تنتهي بين يوم وليلـة وإنمـا تتطلـب زمنـا قـد يطول وقد يقصر بحسب الطفل.

لو اتبعنا هذه السياسة وتعلمنا كيف نسيطر على مشاعرنا وكيف نواجه المواقف بهدوء وحكمة لاستطعنا أن نتجنب العديد من المواجهات العنيفة مع أطفالنا، والواقع أن معظم الآباء مع الأسف لا يفعلون ذلك مع أبنائهم.

٨- إحجام الآباء عن فرض الانضباط على الطفل.

الطفل بحاجة إلى الانضباط كما يحتاج الحب.

ونعني بالانضباط "تعليم الطفل كيف يسيطر على ذاته"

السيطرة + السلوك المعتدل = انضباط سليم واحترام الذات.

بعض الأسباب تمنع من تغيّر سلوك الأبناء.

أ. فقدان الأمل بالتغيير.

ب. عدم المقدرة من التصدي لسلوك الطفل مخافة فقدان حبه.

ج. ضعف الهمة بسبب ظروف صحية أو الحياة.

د. تخلي عن تأديب سوء سلوك الطفل.

هـ- اعتراض أحد الوالدين على العقاب.

و. المشاكل الزوجية.

٩- تحديد سياسة ثابتة للتعامل مع الطفل لا تتغير مهما غير سلوكه.

العطف المعتدل + الحزم المعتدل = سياسة ثابتة.

١٠- فرض الأوامر على الطفل دون اقتناع منه بأدائها.

هل من الواجب دائما أن يعرف الطفل لماذا يجب أن ينفذ المطلوب منه.

في الواقع لو قمنا بتسجيل حوار مع الأبناء طوال اليوم لوجدنا أن أغلبية الأوامر الصادرة منا إليهم تنحصر بأداء واجباتهم.

١١- المقارنة غير العادلة مع غيره من الأطفال.

فهي ليست غير مطلوبة في كل الأحوال بل هي تُعد بناءة لتربية الطفل في حالتين رئيسيتين هما:

أ) لفت انتباهه إلى صفاته المتفوقة.

ب) زرع الثقة بنفسه.

١٢- التناقض أو الازدواجية من قيمة إلى أخرى ومن موقف إلى آخر.

١٣- عدم إشباع حاجة الطفل إلى الرحمة والحب والحنان.

(الحب، ملابس، طعام فقط...؟؟)

أساليب المحبة والاحترام

١) إعطاء الطفل فرصا للمرح والترويح.

٢) أعطف على طفلك وأغمره بحبك ولكن لا تقيده.

٣) أعط الطفل فرصا ليقوم بمساعدتك.

٤) ساعد طفلك على أن يشعر بأنه ينتمي لجماعة الأسرة.

أ. شاركهم في إدارة البيت.

ب. أصغ إليهم.

ج. افرح لنمو مهارات طفلك.

د. اجعل له مكانا خاص به.

هـ أعطه شيئا من الحرية مع تحمل المسؤولية.

٥) عدم تكليف الأطفال فوق طاقتهم.

٦) لا تجعل مخاوفك تتدخل في حياة الطفل.

٧) عوده أن يبدي رأيه دون خوف أو خجل وشاوره في الأمر.

٨) راعي تأديبه باستمرار مع شيء من اللطف.

٩) اظهر ثقتك به وبقدراته.

١٤- عدم مراعاة ضوابط العقاب البدني عند تربية الطفل.

شروط العقاب

١. آخر ما يلجأ إليه المربي.

٢. تجنبه عند الانفعال والغضب.

٣. التدرج في العقاب من الأخف إلى الأشد.

٤. عدم ضرب الوجه والرأس.

٥. الضرب في مرات الأولى غير شديد وغير مؤلم على اليدين والرجلين.

٦. ألا يضرب الطفل قبل أن يبلغ العاشرة من العمر.

٧. عند الهفوة الأولى يعطى فرصة أخرى ليتوب.

٨. يقوم الأب بضرب ابنه دون توكيل شخص آخر.

٩. عدم التشهير بالطفل.

١٠. العدالة في العقاب.

لكي يبقى العقاب في دائرة العدل علينا اجتناب الآتي:

أ- إيقاع العقاب على طفل واحد وترك بقية المخطئين.

ب- إيقاع العقاب على برئ.

ج- عقاب الطفل على تصرفاته وسلوكيات صدرت عنه بالفعل ولكن على سبيل الخطأ والنسيان أو الاستكراه.

د- عقاب الطفل على خطأ سبب له ألما.

هـ- عقاب الطفل لكونه شقي.

و- عقاب الطفل لكونه يعاني من مشكلات خارجة عن إرادته.

ز- عقاب الطفل أو عدم تخفيف عقاب إذا اعترف بخطئه الصغير.

١١. عدم الإفراط فيه أو جعله سياسة دائمة للتعامل مع الطفل.

أ- يجب أن يكون العقاب ذا تأثير إيجابي في تعديل السلوك.

ب- تلافي أكبر كم ممكن من إثارة السلبية.

١٥- عدم مراعاة الفروق الفردية عند تربية الطفل.

١٦- عدم التدرج في التعامل مع الأطفال.

١٧- الإهانة والتحقير والتفرقة في المعاملة عند تربية الأطفال.

١٨- عدم الاتفاق على نهج تربوي موحد بين الوالدين.

١٩- عدم مشاركة الطفل في وضع قواعد السلوك.

٢٠- اتباع اتجاهات سلبية خاطئة عند التعامل مع الطفل.

أ. اتجاه التسلط.

ب. اتجاه الحماية الزائدة.

ج. اتجاه الإهمال والنبذ.

د. اتجاه التدليل.

ه. اتجاه التذبذب.

من اتفاقية حقوق الطفل

اعتمدت وعرضت للتوقيع والتصديق والانضمام بموجب قرار الجمعيـة العامـة للأمـم المتحدة ٢٥/٤٤ المؤرخ في ٢٠ تشريـن الثاني/ نوفمبر ١٩٨٩ – تاريخ بـدء النفـاذ: ٢ أيلول/ سبتمبر ١٩٩٠، وفقا للمادة ٤٩.

إن الدول الأطراف في هذه الاتفاقية

إذ ترى أنه وفقا للمبادئ المعلنة في ميثاق الأمم المتحـدة، يشـكل الاعـتراف بالكرامـة المتأصلة لجميع أعضاء الأسرة البشرية وبحقوقهم المتساوية وغير القابلـة للتصرف، أسـاس الحرية والعدالة والسلم في العالم.

وإذا تضع في اعتبارها أن شعوب الأمم المتحدة قد أكدت من جديد في الميثاق إيمانها بالحقوق الأساسية للإنسان وبكرامـة الفـرد وقدره، وعقـدت العـزم عـلى أن تـدفع بـالرقى الاجتماعي قدما وترفع مستوى الحياة في جو من الحرية أفسح، وإذا تدرك أن الأمم المتحدة قد أعلنت، في الإعـلان العـالمي لحقـوق الإنسـان وفي العهـدين الـدوليين الخاصـين بحقـوق الإنسان، أن لكل إنسان حق التمتع بجميع الحقوق والحريات الواردة في تلك الصكوك، دون أي نوع من أنواع التمييز، كالتمييز بسبب العنصر أو اللون أو الجنس أو

اللغة أو الدين أو الرأي السياسي أو غيره أو الأصل القومي أو الاجتماعي أو الثروة أو المولد أو أي وضع آخر، واتفقت على ذلك.

وإذا تشير إلى أن الأمم المتحدة قد أعلنت في الإعلان العالمي لحقوق الإنسان أن للطفولة الحق في رعاية ومساعدة خاصتين، واقتناعا منها بأن الأسرة، باعتبارها الوحدة الأساسية للمجتمع والبيئة الطبيعية لنمو ورفاهية جميع أفرادها وبخاصة الأطفال، ينبغي أن تولى الحماية والمساعدة اللازمتين لتتمكن من الاضطلاع الكامل بمسؤولياتها داخل المجتمع.

وإذ تقر بأن الطفل، كي تترعرع شخصيته ترعرعا كاملا ومتناسقا، ينبغي أن ينشأ في بيئة عائلية في جو من السعادة والمحبة والتفاهم.

وإذ ترى أنه ينبغي إعداد الطفل إعدادا كاملا ليحيا حياة فردية في المجتمع وتربيته بروح المثل العليا المعلنة في ميثاق الأمم المتحدة، وخصوصا بروح السلم والكرامة والتسامح والحرية والمساواة والإخاء.

وإذ تضع في اعتبارها أن الحاجة إلى توفير رعاية خاصة للطفل قد ذكرت في إعلان جنيف لحقوق الطفل لعام ١٩٢٤ وفي إعلان حقوق الطفل الذي اعتمدته الجمعية العامة في ٢٠ تشرين الثاني/ نوفمبر ١٩٥٩ والمعترف به في الإعلان العالمي لحقوق الإنسان وفي العهد الدولي الخاص بالحقوق المدنية والسياسية (ولاسيما في المادتين ٢٣، ٢٤) وفي العهد الدولي الخاص بالحقوق الاقتصادية والاجتماعية والثقافية (ولاسيما في المادة ١٠) وفي النظم

الأساسية والصكوك ذات الصلة للوكالات المتخصصة والمنظمات الدولية المعنية بخير الطفل.

وإذ تضع في اعتبارها "أن الطفـل، بسـبب عـدم نضـجه البـدني والعقـلي، يحتـاج إلى إجراءات وقاية ورعاية خاصة، بما في ذلك حماية قانونية مناسبة، قبل الولادة وبعدها" وذلك كما جاء في إعلان حقوق الطفل.

وإذ تشير إلى أحكام الإعلان المتعلق بالمبادئ الاجتماعيـة والقانونيـة المتصلة بحمايـة الأطفال ورعايتهم، مع الاهتمام الخاص بالحضانة والتبني على الصعيدين الـوطني والـدولي، وإلى قواعد الأمم المتحدة الدنيا النموذجية لإدارة شؤون قضاء الأحداث (قواعد بكين)، وإلى الإعلان بشأن حماية النساء والأطفال أثناء الطوارئ والمنازعات المسلحة.

وإذ تسلم بأن ثمة، في جميع بلدان العالم، أطفالا يعيشـون في ظـروف صـعبة للغايـة، وبأن هؤلاء الأطفال يحتاجون إلى مراعاة خاصة.

وإذ تأخذ في الاعتبار الواجب أهمية تقاليد كل شعب وقيمه الثقافية لحمايـة الطفـل وترعرعه ترعرعا متناسقا، وإذ تدرك أهمية التعاون الدولي لتحسين ظروف معيشـة الأطفـال في كل بلد، ولاسيما في البلدان النامية، قد اتفقت على ما يلي:

الجزء الأول

المادة ١

لأغراض هذه الاتفاقية، يعني الطفل كل إنسان لم يتجاوز الثامنة عشرة، ما لم يبلغ سن الرشد قبل ذلك بموجب القانون المنطبق عليه.

المادة ٢

١. تحترم الدول الأطراف الحقوق الموضحة في هذه الاتفاقية وتضمنها لكل طفل يخضع لولايتها دون أي نوع من أنواع التمييز، بغض النظر عن عنصر ـ الطفل أو والديه أو الوصي القانوني عليه أو لونهم أو جنسهم أو لغتهم أو دينهم أو رأيهم السياسي أو غيره أو أصلهم القومي أو الاجتماعي، أو ثروتهم، أو عجزهم، أو مولدهم، أو أي وضع آخر.

٢. تتخذ الدول الأطراف جميع التدابير المناسبة لتكفل للطفل الحماية من جميع أشكال التمييز أو العقاب.

المادة ٣

١. في جميع الإجراءات التي تتعلق بالأطفال، سواء قامت بها مؤسسات الرعاية الاجتماعية العامة أو الخاصة، أو المحاكم أو السلطات الإدارية أو الهيئات التشريعية، يولي الاعتبار الأول لمصالح الطفل الفضلي.

٢. تتعهد الدول الأطراف بأن تضمن للطفل الحماية والرعاية اللازمتين لرفاهه، مراعية حقوق وواجبات والديه أو أوصيائه أو غيرهم من الأفراد المسؤولين قانونا عنه، وتتخذ، تحقيقا لهذا الغرض، جميع التدابير التشريعية والإدارية الملائمة.

٣. تكفل الدول الأطراف أن تتقيد المؤسسات والإدارات والمرافق المسؤولة عن رعاية أو حماية الأطفال بالمعايير التي وضعتها السلطات المختصة، ولاسيما في مجالي السلامة والصحة وفي عدد موظفيها وصلاحيتهم للعمل، وكذلك من ناحية كفاءة الإشراف.

المادة ٤

تتخذ الدول الأطراف كل التدابير التشريعية والإدارية وغيرها من التدابير الملائمة لإعمال الحقوق المعترف بها في هذه الاتفاقية، وفيما يتعلق بالحقوق الاقتصادية والاجتماعية والثقافية، تتخذ الدول الأطراف هذه التدابير إلى أقصى حدود مواردها المتاحة، وحيثما يلزم، في إطار التعاون الدولي.

المادة ٥

تحترم الدول الأطراف مسؤوليات وحقوق وواجبات الوالدين أو عند الاقتضاء، أعضاء الأسرة الموسعة أو الجماعة حسبما ينص عليه العرف

المحلي، أو الأوصياء أو غيرهم مـن الأشخاص المسـؤولين قانونـا عـن الطفـل، في أن يـوفروا بطريقة تتفق مع قدرات الطفل المتطورة، التوجيه والإرشـاد الملائمـين عند ممارسـة الطفـل الحقوق المعترف بها في هذه الاتفاقية.

المادة ٦

١. تعترف الدول الأطراف بأن لكل طفل حقا أصيلا في الحياة.

٢. تكفل الدول الأطراف إلى أقصى حد ممكن بقاء الطفل ونموه.

المادة ٧

١. يسجل الطفل بعد ولادته فورا ويكون لـه الحـق منـذ ولادتـه في اسـم والحـق في اكتساب جنسية، ويكون له قدر الإمكان، الحق في معرفة والديه وتلقي رعايتهما.

٢. تكفل الدول الأطراف إعمال هذه الحقوق وفقا لقانونها الوطني والتزامها بموجب الصكوك الدولية المتصلة بهذا الميدان، ولاسيما حيثما يعتبر الطفل عـديم الجنسـية في حال عدم القيام بذلك.

المادة ٨

١. تتعهد الدول الأطراف باحترام حق الطفل في الحفاظ على هويته بما في ذلك جنسيته، واسمه، وصلاته العائلية، على النحو الذي يقره القانون، وذلك دون تدخل غير شرعي.

٢. إذا حرم أي طفل بطريقة غير شرعية من بعض أو كل عناصر هويته، تقدم الدول الأطراف المساعدة والحماية المناسبتين من أجل الإسراع بإعادة إثبات هويته.

المادة ٩

تضمن الدول الأطراف عدم فصل الطفل عن والديه على كره منهما، إلا عندما تقرر السلطات المختصة، رهنا بإجراء إعادة نظر قضائية، وفقا للقوانين والإجراءات المعمول بها، أن هذا الفصل ضروري لصون مصالح الطفل الفضلى، وقد يلزم مثل هذا القرار في حالة معينة مثل حالة إساءة الوالدين معاملة الطفل أو إهمالها له، أو عندما يعيش الوالدان منفصلين ويتعين اتخاذ قرار بشأن محل إقامة الطفل.

المادة ١٢

١. تكفل الدول الأطراف في هذه الاتفاقية للطفل القادر على تكوين آرائه الخاصة حق التعبير عن تلك الآراء بحرية في جميع المسائل التي تمس الطفل، وتولى آراء الطفل الاعتبار الواجب وفقا لسن الطفل ونضجه.

٢. ولهذا الغرض، تتاح للطفل، بوجه خاص فرصة الاستماع إليه في أي إجراءات قضائية وإدارية تمس الطفل، إما مباشرة، أو من خلال ممثل أو هيئة ملائمة بطريقة تتفق مع القواعد الإجرائية للقانون الوطني.

المادة ١٣

١. يكون للطفل الحق في حرية التعبير، ويشمل هذا الحـق حرية طلـب جميـع أنـواع المعلومات والأفكار وتلقيها وإذاعتها، دون أي اعتبار للحدود، سواء بالقول أو الكتابة أو الطباعة، أو الفن أو بأية وسيلة أخرى يختارها الطفل.

٢. يجوز إخضاع ممارسة هذا الحق لبعض القيـود، بشرط أن يـنص القـانون عليهـا وأن تكون لازمة لتأمين ما يلي:

أ- احترام حقوق الغير أو سمعتهم، حماية الأمن الوطني أو النظام العـام، أو الصـحة العامة أو الآداب العامة.

المادة ١٥

١. تعـترف الـدول الأطـراف بحقـوق الطفـل في حريـة تكـوين الجمعيـات وفي حريـة الاجتماع السلمي.

٢. لا يجوز تقييد ممارسة هذه الحقوق بأية قيود غير القيود المفروضة طبقا للقانون والتي تقتضيها الضرورة في مجتمع ديمقراطـي لصيانة الأمـن الـوطني أو السـلامة العامـة أو النظام العـام، أو لحمايـة الصـحة العامـة أو الآداب العامـة أو لحمايـة حقوق الغير وحرياتهم.

المادة ١٦

١. لا يجوز أن يجري أ ي تعرض تعسفي أو غير قانوني للطفل في حياته الخاصة أو أسرته أو منزله أو مراسلاته، ولا أي مساس غير قانوني بشرفه أو سمعته.

٢. للطفل حق في أن يحميه القانون من مثل هذا التعرض أو المساس.

المادة ١٧

تعترف الدول الأطراف بالوظيفة الهامة التي تؤديها وسائط الإعلام وتضمن إمكانية حصول الطفل على المعلومات والمواد من شتى المصادر الوطنية والدولية، وبخاصة تلك التي تستهدف تعزيز رفاهيته الاجتماعية والروحية والمعنوية وصحته الجسدية والعقلية، وتحقيقا لهذه الغاية، تقوم الدول الأطراف بما يلي:

أ) تشجيع وسائط الإعلام على نشر المعلومات والمواد ذات المنفعة الاجتماعية والثقافية للطفل ووفقا لروح المادة ٢٩.

ب) تشجيع التعاون الدولي في إنتاج وتبادل ونشر هذه المعلومات والمواد من شتى المصادر الثقافية والوطنية والدولية.

ج) تشجيع إنتاج كتب الأطفال ونشرها.

د) تشجيع وسائط الإعلام على إيلاء عناية خاصة للاحتياجات اللغوية للطفل الـذي
ينتمي إلى مجموعة من مجموعات الأقليات أو إلى السكان الأصليين.

هـ) تشجيع وضع مبادئ توجيهية ملائمة لوقاية الطفل من المعلومات والمواد التي تضر ـ
بصالحه، مع وضع أحكام المادتين ١٣ و ١٨ في الاعتبار.

المادة ١٨

١. تبـذل الـدول الأطراف قصارى جهدها لضمان الاعتراف بالمبـدأ القائـل إن كـلا
الوالدين يتحملان مسؤوليات مشتركة عن تربية الطفل ونمـوه، وتقـع علـى عـاتق
الوالدين أو الأوصياء القانونيين، حسب الحالة، المسؤولية الأولى عن تربيـة الطفل
ونموه، وتكون مصالح الطفل الفضلى موضع اهتمامهم الأساسي.

٢. في سبيل ضمان وتعزيز الحقوق المبينة في هذه الاتفاقية، علـى الـدول الأطراف في
هذه الاتفاقية أن تقدم المساعدة الملائمة للوالدين وللأوصياء القانونين في الاضطلاع
بمسؤوليات تربية الطفل وعليهـا أن تكفـل تطـوير مؤسسـات ومرافـق وخدمات
رعاية الأطفال.

٣. تتخذ الدول الأطراف كل التدابير الملائمة لتضمن لأطفال الوالـدين العـاملين حـق
الانتفاع بخدمات ومرافق رعاية الطفل التي هم مؤهلون لها.

المادة ١٩

١. تتخذ الـدول الأطـراف جميـع التـدابير التشريـعية والإدارية والاجتماعيـة والتعليميـة الملائمة لحماية الطفل من كافة أشكال العنف أو الضرر أو الإساءة البدنيـة أو العقليـة والإهمال أو المعاملة المنطوية على إهمال، وإساءة المعاملة أو الاستغلال، بما في ذلك الإساءة الجنسيـة، وهـو في رعايـة الوالـد (الوالـدين) أو الـوصي القـانوني (الأوصـياء القانونيين) عليه، أو أي شخص آخر يتعهد الطفل برعايته.

٢. ينبغي أن تشمل هذه التدابير الوقائية، حسب الاقتضاء، إجراءات فعالة لوضع بـرامج اجتماعية لتوفير الدعم اللازم للطفل ولأولئك الذين يتعهدون الطفل برعايتهم، وكذلك للأشكال الأخرى من الوقاية، ولتحديد حالات إساءة معاملة الطفل المذكورة حتـى الآن والإبلاغ عنها والإحالة بشـأنها والتحقيـق فيهـا ومعالجتها ومتابعتها وكـذلك لتـدخل القضاء حسب الاقتضاء.

إعلان حقوق الطفل

اعتمد ونشر على الملأ بموجب قرار الجمعية العامة ١٣٨٦ (د- ١٤) المؤرخ في ٢٠ تشرين الثاني/ نوفمبر ١٩٥٩

لما كانت شعوب الأمم المتحدة، في الميثاق، قد أكدت مرة أخرى إيمانها بحقوق الإنسان الأساسية وبكرامة الشخص الإنساني وقيمته، وعقدت العزم على تعزيز التقدم الاجتماعي والارتقاء بمستويات الحياة في جو من الحرية أفسح، ولما كانت الأمم المتحدة، قد نادت في الإعلان العالمي لحقوق الإنسان، بأن لكل إنسان أن يتمتع بجميع الحقوق والحريات المقررة فيه، دون أي تمييز بسبب العرق أو اللون أو الجنس أو اللغة أو الدين، أو الرأي سياسيا أو غير سياسي، أو الأصل القومي أو الاجتماعي أو الثروة أو النسب أو أي وضع آخر.

ولما كان الطفل يحتاج بسبب عدم نضجه الجسمي والعقلي إلى حماية وعناية خاصة، وخصوصا إلى حماية قانونية مناسبة سواء قبل مولده أو بعده.

وبما أن ضرورة هذه الحماية الخاصة قد نص عليها في إعلان حقوق الطفل الصادر في جنيف عام ١٩٢٤ واعترف بها في الإعلان العالمي لحقوق الإنسان وفي النظم الأساسية للوكالات المتخصصة والمنظمات الدولية المعنية

برعاية الأطفال. وبما أن للطفل على الإنسانية أن تمنحه خير ما لديها. فإن الجمعية العامة، تصدر رسميا "إعلان حقوق الطفل" هذا لتمكينه من التمتع بطفولة سعيدة ينعم فيها، لخيره وخير المجتمع، بالحقوق والحريات المقررة في هذا الإعلان، وتدعو الآباء والأمهات، والرجال والنساء كلا بمفرده، كما تدعو المنظمات الطوعية والسلطات المحلية والحكومات القومية إلى الاعتراف بهذه الحقوق والسعي لضمان مراعاتها بتدابير تشريعية وغير تشريعية تتخذ تدريجيا وفقا للمبادئ التالية:

المبدأ الأول:

يجب أن يتمتع الطفل بجميع الحقوق المقررة في هذا الإعلان، ولكل طفل بلا استثناء أن يتمتع بهذه الحقوق دون أي تفريق أو تمييز بسبب العرق أو اللون أو الجنس أو الدين أو الرأي سياسيا أو غير سياسي، أو الأصل القومي أو الاجتماعي، أو الثروة أو النسب أو أي وضع آخر يكون له أو لأسرته.

المبدأ الثاني:

يجب أن يتمتع الطفل بحماية خاصة وأن يمنح، بالتشريع وغيره من الوسائل، الفرص والتسهيلات اللازمة لإتاحة نموه الجسمي والعقلي والخلقي والروحي والاجتماعي نموا طبيعيا سليما في جو من الحرية

والكرامة، وتكون مصلحته العليا محل الاعتبار الأول في سن القوانين لهذه الغاية.

المبدأ الثالث:

للطفل منذ مولده حق في أن يكون له اسم وجنسية

المبدأ الرابع

يجب أن يتمتع الطفل بفوائد الضمان الاجتماعي وأن يكون مؤهلا للنمو الصحي السليم، وعلى هذه الغاية، يجب أن يحاط هو وأمه بالعناية والحماية الخاصتين اللازمتين قبل الوضع وبعده، وللطفل حق في قدر كاف من الغذاء والمأوى واللهو والخدمات الطبية.

المبدأ الخامس

يجب أن يحاط الطفل المعوق جسميا أو عقليا أو اجتماعيا بالمعالجة والتربية والعناية الخاصة التي تقتضيها حالته.

المبدأ السادس

يحتاج الطفل لكي ينعم بشخصية منسجمة النمو مكتملة التفتح، إلى الحب والتفهم، ولذلك يراعي أن تتم تنشئته إلى أبعد مدى ممكن، برعاية

والديه وفي ظل مسؤوليتهما، وعلى أي حال، في جو يسوده الحنان والأمـن المعنـوي والمـادي فلا يجوز، إلا في ظروف اسـتثنائية، فصل الطفل الصـغير عـن أمـه، ويجـب عـلى المجتمـع والسلطات العامة تقديم عناية خاصة للأطفال المحرومين مـن الأسرة وأولئك المفتقرين إلى كفاف العيش، ويحسن دفع مساعدات حكومية وغير حكوميـة للقيـام بنفقـة أطفـال الأسر الكبيرة العدد.

المبدأ السابع

للطفـل حـق في تلقـي التعلـيم، الـذي يجـب أن يكـون مجانيـا وإلزاميـا، في مراحلـه الابتدائية على الأقل، وأن يستهدف رفع ثقافـة الطفـل العامـة وتمكينـه، عـلى أسـاس تكـافؤ الفرص، من تنمية ملكاته وحصافته وشعوره بالمسؤولية الأدبية والاجتماعية، ومن أن يصبح عضوا مفيدا في المجتمع، ويجب أن تكون مصلحة الطفل العليا هي المبدأ الذي يسترشد بـه المسؤولون عن تعليمه وتوجيهه، وتقع هذه المسؤولية بالدرجة الأولى على أبويه، ويجب أن تتاح للطفل فرصة كاملة للعب واللهو، الذين يجب أن يوجها نحـو أهـداف التعلـيم ذاتهـا، وعلى المجتمع والسلطات العامة السعي لتيسير التمتع بهذا الحق.

المبدأ الثامن

يجب أن يكون الطفل، في جميع الظروف، بين أوائل المتمتعين بالحماية والإغاثة.

المبدأ التاسع

يجب أن يتمتع الطفل بالحماية من جمع صور الإهمال والقسوة والاستغلال، ويحظر الاتجار به على أية صورة، ولا يجوز استخدام الطفل قبل بلوغه السن الأدنى الملائم، ويحظر في جميع الأحوال حمله على العمل أو تركه يعمل في أية مهنة أو صنعة تؤذي صحته أو تعليمه أو تعرقل نموه الجسمي أو العقلي أو الخلقي.

المبدأ العاشر

يجب أن يحاط الطفل بالحماية من جميع الممارسات التي قد تدفع إلى التمييز العنصري أو الديني أو أي شكل آخر من أشكال التمييز، وأن يربي على روح التفهم والتسامح، والصداقة بين الشعوب، والسلم والأخوة العالمية، وعلى الإدراك التام لوجوب تكريس طاقته ومواهبه لخدمة إخوانه البشر.

الأنماط السلوكية

١- ألارتيابي (الشكاك)

مفهومه: لا يثق بكلام الآخرين وأفعالهم.

مظاهره: السلبية في طرح الآراء، التركيز على ما هو محبط، لا يوجد له أصدقاء (وحيد).

أسبابه: الأسرة والتربية، الخوف من المجهول، الإحباط المستمر في الحياة.

الحل: جلسات فردية (لتوفير الثقة) زيادة الوازع الديني (مفهوم التوكل)

٢- الاكتئابي (دائمًا محبط)

مفهومه: هو الشعور الداخلي بالتعاسة والشقاء والقناعة الأكيدة باستحالة التغير.

مظاهره:

أ- عدم التفاعل مع الآخرين. ب- لا يوجد له إنجازات.

ج- طرح أفعال الشر دوما. د- صحبته من ذوي الهمم الناقصة.

الأسباب:

١- تجارب مريرة وقاسية.

٢- الكبت الممارس عليه.

٣- عدم إتاحة فرصة له للتعبير عن وجهة نظره.

٤- عدم وجود فرص حقيقية للتعبير عن ذاته.

الحل: العمل الجماعي، تسليمه مسؤوليات متدرجة، إعلان إنجازاته للنـاس، تكليفـه بزيارات اجتماعية والتحدث باسم الجميع.

٣- التهكمي (المتعة في الشتم)

مفهومه: هو شعور داخلي بمتعة لفت النظر بهذا الأسلوب.

مظاهره: دائم المخالفات والمعارضة، صحبته غير جيـدة وغيـر منتقـاة، الفشـل علـى الأغلب في الحياة.

الأسباب: عدم الوعي والإدراك، أسباب عائلية (تعويد الأسرة)، يرى في الشتم استثارة للآخرين.

الحل: جلسات فردية كثيرة، الثناء على بعض أعماله المخالفة بأنه يتبنى الـرأي الآخـر، إبراز إنجازاته.

٤- السادي:

مفهومه: شعور داخلي بمتعة التنقيص من شأن الآخرين والتنكيد عليهم يصل إلى حد التعذيب النفسي أو الجسدي.

مظاهره: اختبار الزمن المناسب للتنكيد، الحرص على الأنشطة الجماعية المنتقاة.

الأسباب: أسباب عائليـة (الأب)، أسباب اجتماعيـة لم يأخـذ فرصـته في الحيـاة، عـدم وجود إنجاز في حياته.

الحل: زرع مبدأ الحس الإيجابي في حياته، جلسات فردية توعية، تبصره بكره المجتمع له في حالة وصول الشذوذ.

٥- الانفجاري:

مفهومه: كاتم الشعور، خاطئ الفهم، لا يتكلم مع أحد عـن شـعوره، ولا يُرى عليـه آثار كتم المشاعر.

المظاهر: لا يتحدث كثيرا، لا يبدي وجهة نظره، له صديق واحد على الأغلب.

الأسباب: أسباب عائلية، الخوف الإدلاء بوجهة نظره، لا يؤمن بجـدوى الحـديث مـع الآخرين.

الحل:

١- المشاركة الفاعلة في النقاش والحوار وضرورة إبداء رأي كل مشارك.

٢- سعة الصدر عند الحديث، الجلسات الفردية، مراعاة المشاعر، العمل الجماعي.

٦- الاعتمادي:

مفهومه: الخوف من اتخاذ القرار وعدم مواجهة الآخرين.

مظاهره: الابتعاد عن المسؤوليات الأولى عادة (عريف الصف) لا يحب أن يلومه أحد وتظهر عليه علامات ردة الفعل المعاكس، دائما يحفز غيره ليتحدث باسم الجميع.

الأسباب: الخوف من المحاسبة أو اللوم أو المعاتبة، عدم الجرأة على مواجهة الآخرين.

الحل: تكليفه شخصيا بمهمة قيادية ويتابع فيها، إفهامه معنى الدافعية، توضيح مفهوم استقلال الشخصية.

٧- التمامي:

مفهومه: هو من يثق بقدراته ومواهبه ويقوم بالعمل المطلوب على أكمل وجه.

مظاهره: الثقة بالنفس، الفهم الصحيح، إنجاز المطلوب بصورة متقنة.

الأسباب: أسباب شخصية (ذكاء، قدرات، مواهب) أسباب عائلية (الأب، والأم، اخوان)، صحبة مختارة، لا يحب أن يلقى عليه اللوم والمحاسبة.

الحل: تعزيز هذا النمط (معرفة السبب الحقيقي للانجاز) الاستفادة منه لغيره من زملائه، الاعتناء به فهو طاقة منظمة.

٨- الجنوبي:

تفسيراته غير منطقية ووهمية ويتصرف بناء عليها.

مظاهره: اتخاذ قرارات خاطئة ومهمة في حياته، (ترك الدراسة، الرحيل عن المنزل) الاقتناع بالتفسيرات غير المنطقية.

الأسباب: الشعور الشخصي بأنه مستهدف من الآخرين، حصول تجارب غير ناجحة في حياته، أسباب عائلية.

الحل: ترسيخ مفهوم الإيجابية في الحياة، ضرورة الحوار والنقاش وتفهم الطرف الآخر، استفزازه دوما على الحديث والتعبير عما يجول بخاطره، العمل الجماعي من خلال مجموعة والتحدّث باسمها.

٩- الاستعراضي

الذي يظهر مهارة في جانب يمتلكه للفت الأنظار رغبة في الثناء.

مظاهره: التحدّث دائما بما يعرف أو لا يعرف، لا يهتم بالآخرين ومشاعرهم، يحب الثناء.

أسبابه: أسباب اجتماعية شخصية، (الكبت في مجال ما)

الحل: إتاحة المجال له ضمن وقت معين دون الخروج عن الموضوع، وإعطاؤه الثناء الجماعي.

١٠-المناكف:

الذي لا يعجبه شيء.

مفهومه: كاتم ومخفي لشعور الرفض دائما لأسباب ذاتية يعتقد أنها صحيحة.

مظاهره: التعصب، النظرة الدونية اتجاه الآخرين، الشعور بالنقص.

الأسباب: أسباب عائلية.

الحل: جلسات فردية، ازرع عنده حب الآخرين، إعطاءه مسؤولية طرح البديل من طرفه.

١١-الخجول:

مفهومه: ردة فعل نفسية فسيولوجية تصيب الإنسان باضطراب من موضوع ما فيظهر على وجهه الحمرة والتعرق.

مظاهره: التلعثم، الخوف، عدم الثقة بنفسه.

الأسباب: التربية العائلية، عدم التمكّن الإيماني من قلبه.

الحل: تفعيل الشخص وتركه يتحدّث، مواجهة الأمور.

١٢-النرجسي:

(النرجس نبات أبيض ينبت على ضفاف الأنهار والبحيرات).

مفهومه: الذي يحب ذاته (الأنا) إنا فعلت، أنا قمت، أنا فلان.

مظاهره: الحديث عن ذاته، الافتخار بالنفس والإنجازات، التباهي.

الأسباب: نقص في الذات، لم يأخذ فرصته، إهماله باستمرار.

الحل: تهذيب الذات وقهر الأنا وشعور بالجماعة دون الفردية.

١٣-الغرائبي:

مفهومه: (مضطرب المشاعر والسلوك والتفكير).

نموذج تحليل الشخصية

١	٢	٣	٤	الجانب السلوكي	الرقم
				الجانب الانفعالي	١-
				١. مدى مزاجيتك في التعامل مع الآخرين	
				٢. مدى استثارتك من الآخرين	
				٣. مدى التحكم في المشاعر.	
				٤. مدى التحكم في العواطف.	
				٥. مدى قدرتك على كبت مشاعرك.	
				الجانب الاجتماعي	٢-
				١. إقامة العلاقات الاجتماعية مع الآخرين.	
				٢. حب الأصدقاء والعمل الجماعي.	
				٣. مدى روح المبادرة عندك.	
				٤. القدرة على المحاورة والجدل.	
				٥. مدى التعاون مع الآخرين.	
				الجانب الشخصي	٣-
				١. الشعور بالغيرة من الآخرين.	
				٢. الشعور بالحسد لأصدقائك.	
				٣. القدرة على تحمل المواقف الصعبة.	
				٤. التعامل بحذر مع الآخرين.	
				٥. شجاعتك بالاعتراف بالأخطاء.	

٤-	الجانب الوجداني العاطفي ١. شعورك بالأمن والطمأنينة. ٢. الحكم القاسي على الأمور. ٣. قليل الشكوى وترضى بالواقع. ٤. نظرتك لأصدقائك مليئة بالمحبة. ٥. المحبة هي الأولى في حياتك.				
٥-	الجانب النفسي ١. هل نظرتك للعالم متفائلة ٢. تحب الألوان الفاتحة ٣. تكره العنف والقسوة ٤. قليل الكلام ٥. تترك مجال لغيرك ليـنفس عـما في نفسـه وتنصـت لـه باحترام				
٦-	الجانب الإداري ١. مدى قدرتك على اتخاذ القرار ٢. مدى محبتك للمغامرة ٣. الترتيب والنظافة ٤. التزامك بالمواعيد ٥. تخطط لأعمالك قبل القيام بها.				
٧-	الجانب القيادي ١. قدرتك لجذب الآخرين ٢. قبول الآخرين لك. ٣. تمتاز بصفات تعجب الآخرين. ٤. الثقة بنفسك. ٥. تقدر مجهود الآخرين.				

٨-	الجانب الشخصي ١. تستمع لأصدقائك بإنصات. ٢. التواصل الإيجابي قائم مع الآخرين. ٣. تحفظ الأسرار ٤. الطاعة وتنفيذ ما يطلب منك ٥. الالتزام بالصدق باستمرار					

المجموع = ١٥٠-٢٠٠ ممتاز الشخصية متكيفة ممتازة

المجموع = ١٠٠-١٤٩ شخصية ثائرة ومضطربة

المجموع = ٥١- ٩٩ شخصية انطوائية وفيها اضطراب

المجموع = صفر -٥٠ عليك مراجعة طبيب نفساني.

فهرس المحتويات

المصادر والمراجع

١- أحمد بلقيس، في سيكولوجية اللعب، عمان، دار الفرقان، ١٩٨٢.

٢- أحمد بدوي، الثواب والعقاب في تربية الأولاد.

٣- أحمد القطان، واجب الآباء نحو الأبناء، ط٢، الكويت، دار سندس، ١٤٠٦هـ

٤- إسماعيل عيد الكافي، الذكاء وتنمية لدى أطفالنا، القاهرة، مكتبة الدار العربية ١٩٩٥.

٥- أم حسان الحلو، أخطاء تربوية شائعة، بيروت: دار ابن حزم، ١٩٩٤.

٦- أميرة عبد العزيز الديب وسيكولوجية التوافق النفسي في الطفولة المبكرة، الكويت دار الفلاح، ١٩٩٠.

٧- جمال الكاشف، كيف تتعاملين مع أبنائك، القاهرة: دار الطلائع، ١٩٩٤.

٨- حامد زهران، علم نفس النمو، القاهرة: دار المعارف، ١٩٨٦.

٩- خالد شنتوت، دور البيت في تربية الطفل المسلم، جدة: دار المطبوعات الحديثة، ١٩٩٠.

١٠- خالد وديع شكور، كيف تفهمين شخصية طفلك، عالم الكتب، ١٩٩٤.

١١- سعيد عبد الله حارب، دور الأسرة في التربية، دبي، دار الأمة، ١٩٨٧.

١٢- طه العفيفي، حق الآباء على الأبناء، القاهرة، دار الاعتصام، ١٩٧٩.

١٣- عبد الستار إبراهيم، العلاج السلوكي للطفل، الكويت، المجلس الوطني للثقافة، ١٩٩٠.

١٤- فريد حسن، المشكلات النفسية للطفل، حلب، دار ربيع، ٢٠٠١.

١٥- فؤاد أبو حطب، علم النفس التربوي، القاهرة: مكتبة الأنجلو المصرية، ١٩٨٠.

١٦- محمد بن جميل زينو، كيف نربي أولادنا، جدة: دار الفنون للطباعة والنشر ١٤١١هـ

١٧- محمد رشيد العويد، مشكلات تربوية في حياة طفلك، بيروت: دار ابن حزم، ١٩٩٣.

١٨- ماجد دودين، للأزواج فقط، ط١، القاهرة، دار الإسراء، ١٩٩٠.

١٩- محمد زياد حمدان، كيف نربي طفلا، دار التربية الحديثة.

٢٠- محمد محمود عبد الله، كيف نربي أولادنا، الرياض، دار الشواف، ١٩٩٣.

٢١- محمود ماهر زيدان، الثواب والعقاب في التربية، دبي: مؤسسة الندوة التجارية، ١٩٩٠.

٢٢- نبيه الغبرة، المشكلات السلوكية عند الأطفال، دبي، ١٩٩٤.

٢٣- واطسون، ل.س تعديل سلوك الأطفال، ترجمة محمد فرغلي، الكويت دار الكتاب
الحديث، ١٩٨٨.

٢٤- دبوز، هيلين، كيف تعاون الأخوة والأخوات على التفاهم، ترجمة سعيد دياب،
ط٢، القاهرة: مكتبة النهضة المصرية، ١٩٦٤.

٢٥- عبد الله ناصح علوان، تربية الأولاد في الإسلام، بيروت، دار الإسلام، بدون تاريخ.

٢٦- عبد الله ناصح علوان، إلى كل أبٍ غيور.

٢٧- محمد بن قيم الجوزية، تحفة المورود بأحكام المولود.

المراجع الأجنبية

١- Bons, Danilo, How to love your child, ٩S. L.O: ٩S. N.O, ٩S. D,O.

٢- Catherine, Lee, The Growth and Development of children- ٣ed-Longman House: Burnt Hill Havlow- ١٩٨٤.

٣- Mussem. Paul. H. The Psychological Development child prentice-Loudan: Hall. ١٩٦٤

٤- Smiler, Brian Sdon. How to play with your children.

٥- Bonati, Gand Hawes, H (eds) (١٩٩٢). Child to child: AResoure Book. London: child – to- child Trust.

٦- King, M, King, F and Martodipoero. S ١٩٧٨. Primary child care Book one. Oxford: Oxford University Press.

٧- Werner, D (١٩٨٧) Disabled village children Palo Alto California Hesperian Foundation.

٨- Yontana, Venecent, Ndhers Treatment.

Printed in the United States
By Bookmasters

Printed in the United States
By Bookmasters

T0304698